1492 年 8 月 3 日，哥伦布在启程探索新大陆前向西班牙女王告别。

1498 年达·伽马到达卡利卡特。

西奥多·德·布里于 1596 年创作的关于美洲大发现的地图作品，从左上角顺时针方向看，这四个人物是哥伦布、韦斯普奇、皮萨罗和麦哲伦，四位传奇航海家。

1588 年英国船队海战西班牙"无敌舰队"。

刘兴诗
讲地理大发现

大航海时代

刘兴诗○著

长江出版传媒 | 长江文艺出版社

图书在版编目（CIP）数据

大航海时代：刘兴诗讲地理大发现 / 刘兴诗著. --
武汉：长江文艺出版社，2022.7
ISBN 978-7-5702-2086-1

Ⅰ. ①大… Ⅱ. ①刘… Ⅲ. ①航海－交通运输史－世
界－青少年读物 Ⅳ. ①F551.9-49

中国版本图书馆 CIP 数据核字(2021)第 081917 号

大航海时代：刘兴诗讲地理大发现
DA HANGHAI SHIDAI: LIU XINGSHI JIANG DILI DA FAXIAN

策划编辑：叶　露

责任编辑：马菱茹　　　　　　　　责任校对：毛季慧
封面设计：笑笑生设计　　　　　　责任印制：邱　莉　　胡丽平

出版：长江出版传媒　长江文艺出版社
地址：武汉市雄楚大街 268 号　　　邮编：430070
发行：长江文艺出版社
http://www.cjlap.com
印刷：武汉中科兴业印务有限公司

开本：720 毫米×1020 毫米　　1/16　　印张：11.75　　插页：2 页
版次：2022 年 7 月第 1 版　　　2022 年 7 月第 1 次印刷
字数：125 千字

定价：32.00 元

目录

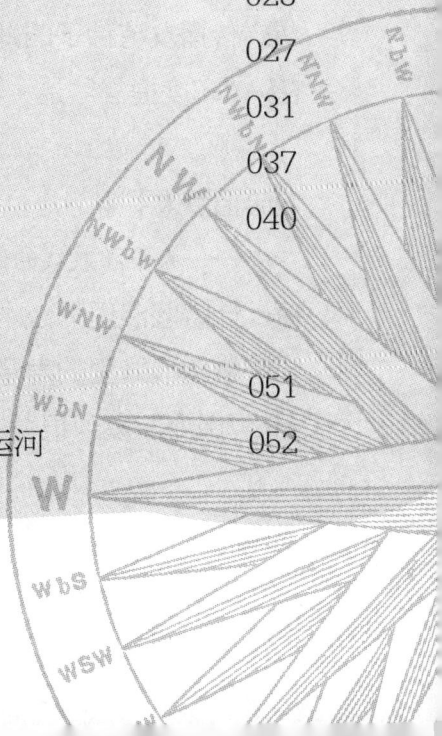

新大陆的发现者

——美洲航线的故事

啊，新大陆。

啊，旧世界背面的神秘地方。

在那"天圆地方"观念流行的时代，新旧两个平行世界，各自沿着自己的轨道，创造灿烂的文化花朵，各自有各自的王国。我不知道你，你不知道我，只因为中间隔着千重浪、万重波。

是谁勇敢启航，穿过了这道隔离的水墙？是谁发现了未曾谋面的印第安王国？想不到隔断历史的，仅仅是一层看不见的纸，说起来竟是那样薄。只消伸出手指头轻轻一戳，就可以一下子捅破。

地理大发现的时代，历史送给人类一份厚礼。东半球加上西半球，旧世界加上新世界，组合成一个完整的地球，一个加倍的世界，多么令人兴奋啊！

人们啊，得到了这份厚礼，该怎么处置发落？可不要让旧世界的灰尘，染污了新天地，带去种种该死的罪恶。

发现新大陆的桂冠该给谁？哥伦布是不是光荣的胜利者，独一无二的发现金牌获得者？请听历史老人细细述说……

〔一〕新大陆

美洲，新奇而古老的大陆。

雄伟的落基山和安第斯山，像一道高耸的屋脊纵贯南北，在峻峭的峰峦之巅，不时地闪烁着冰雪的寒光。整个大陆的主要部分，好像两张缀生在同一根枝条上的叶片，铺展在这道绵延上万千米的巨大山脉的东面。缀在上面的那张"树叶"是北美洲，下面的三角形"叶片"是南美洲。

这是两张多么巨大而又奇特的"树叶"啊！

说它巨大，因为它的面积有 4206.8 万平方千米，比月亮的整个表面积还大，约莫还多出 400 多万平方千米；说它奇特，因为这不是通常的"树叶"，而是一片景色瑰丽无比的坚实的陆地。从寒风呼啸的加拿大雪原，到极南端的岩石嶙峋的火地岬角，景色变化万千，物产十分富饶。这儿蕴藏着丰富的石油、煤、铁、铜和别的矿产。这儿有一望无际的草原和寒带、热带密林，林中长满了珍奇的树木，栖息着许多罕见的禽兽。其中有一些，是地球另一面的旧大陆上见所未见，闻所未闻的。

对人类来说，它是新奇的。

在美洲大陆的两边，喧嚣着太平洋和大西洋的波涛，北面横亘着封冻的北冰洋，整个大陆被海洋紧紧包裹着，像是一个巨大的孤岛。缄默的大海久久地保守着这块神秘大陆的秘密，不肯向人类吐露半点消息。

和亚、非、欧旧大陆相比，只是在很晚很晚以后，才有人类踏上这个被遗忘了的大陆的土地。在 300 万年前，当人类在旧大陆上诞生的时候，美洲的草原和林莽间还只有乳齿象和三趾马出没。时间飞快地过去，旧大陆上的居民已经在劳动中学会了制造品种更多的石器，还发现了火，慢慢从原始游群过渡到氏族社会，创造出最早的人类文明。但是在地球的另一面，大洋环绕的美洲大陆上，仍然没有传来古人类的半点消息。

沉睡的新大陆，还在等待自己的主人。

小档案

北美洲包括北美洲和中美洲，面积 2422.8 万平方千米。南美洲面积 1784 万平方千米。中美洲指北美洲南部和南美洲连接的蜂腰地带，加上加勒比海群岛。拉丁美洲包括中美洲和南美洲，属于拉丁语系地带。

【二 跨过白令陆桥的征服者】

"啊——哈！……"

在冰封千里的阿拉斯加的雪原上，传来了第一声人类的呼喊，打破了长期的沉寂，唤醒了沉睡的美洲。如果当时有谁在那儿观看，便可以瞧见一小群又一小群身披兽皮的原始人，正从落日的方向迎着刺骨的寒风，步履蹒跚地走过来，在疏松的雪地上印下了第一串清晰的足迹。

人类到达美洲了，终于发现了神秘的新大陆。

这是一个多么震动人心的事件。然而，他们却没有留下塑像，也没有留下缀满诗文的纪念碑，甚至连他们的足印也早已被无情的狂风扫除得一干二净。这些初次踏上美洲大陆的原始人并不了解，他们的行动包含着多么重大的历史意义。他们也许是在追逐披毛犀、猛犸象和北极鹿群的过程中，为了回避西伯利亚的寒风和探索更适宜于生活的居留地时，无意间步入了另一个半球。整个事件只在迷蒙不清的远古历史上留下了一个极其模糊的影子，谁也

小档案

白令海峡位于亚洲东北部和北美洲阿拉斯加之间，隔开了太平洋和北冰洋，最宽处 86 千米，长 60 千米，最深处 52 米，平均水深 42 米。

不知道它确切发生在什么年代，也不了解最初到达美洲的精确路线与人数。

就是这些毛发蓬松的原始人忍受着饥饿和疲乏，冲破了冰河和风雪的重重障碍，在上千也许上万年间，一群又一群地从西向东，跨过连接亚洲和美洲两个大陆的狭窄通道，顺着美洲的西海岸，逐渐扩散到整个南、北美洲，成为新大陆的第一批居民。

他们是谁？历史啊，快留下这些伟大的美洲发现者的姓名。

不过他们没有姓氏，也没有谁能够弄清最初进入美洲的部落的图腾名称，可是这没有什么关系，并不妨碍历史做出公正的结论。他们是无名的原始劳动者，用劳动的双手打开了通向新大陆的大门。如果我们有机会遇见他们，仔细端详一下他们的容貌，便会发现一张张非常熟悉的面孔。他们有着黄褐色的皮肤，披着硬而直的黑发，颧骨凸出，眼眶较高，和亚洲东北部的蒙古人种很相似。亚洲，是他们最早的故乡。

历史上从来没有偶然的事件，一切重大的进展都是历史发展的必然结果。经过了漫长的时间推移，人类已经从猿人和古人进化到新人阶段。这个时期的人类，体征大致和现代人相同，制作的工具更加细致和多样化。他们发明了如弓箭、投矛器、渔叉、渔网等比过去更加先进的狩猎和捕鱼的工具，大大扩充了食物的来源。同时，在发现了人工取火的方法以后，又制成了骨针，可以缝制简单的兽皮衣服。因而他们在自然界里掌握了更大的自由，能够抵御冰期时代的严寒，再也不会因受冰川的侵袭而到处迁移。相反，他们分布的范围更广泛，甚至在接近北极圈的地方也发现了当时的古人类化石。正如恩格斯所指出的："自从有了这种新的食物以后，人们便不受气候和地域的限制了。"他们沿着河流和海岸，甚至在蒙昧状态中也可以散布在大部分地面上了。

旧大陆的人类已经从任随自然摆布的渺小角色，一跃而成为初步开始征服和利用大自然的巨人了。他们已经具备了足以克服重重天险、征服美洲的能力。这种能力是经过了两百多万年的艰苦磨炼，才逐渐积累起来的。

那时，北方的大地和中、低纬地区的许多山地，正为最末一次冰期——玉木冰期的冰雪厚甲覆盖着。地球上的水分大量转化为冰雪，并聚积在陆地上。其结果，使世界大洋的海面普遍下降。连接亚洲和美洲的白令海峡本来就不过85.2千米宽，18—59米深。有人计算过，在玉木冰期内，海面下降了130米左右。于是在这里便形成了一条狭窄的"陆桥"，把两个大陆牢牢地连为一体。

冰期内的气温和环境条件不是一成不变的，在亚洲的东北部，玉木冰期可以划分为冷暖交替的阶段，其中包括早于5万年的朱利安克亚冰期，距今2.5万年至1.03万年的萨尔丹亚冰期和其间的卡尔金斯克亚间冰期。即使在这些亚冰期和亚间冰期里，也还有小规模的气候波动。如在卡尔金斯克亚间冰期里，至少有三个比较温暖和两个比较寒冷的时期，最适宜的温暖阶段大约在距今4.3万年至3.7万年之间。这时，一批批追踪野兽和鱼群的渔猎部落，就有可能逐渐向北方发展，通过白令陆桥进入美洲，并沿着美洲的西海岸慢慢向南推进，散布到新大陆的各地。

当他们跨过了白令陆桥以后，面前展现了一幅幅前所未见的天然景色。积雪皑皑的阿拉斯加群峰，遍覆暗色针叶林的加拿大密林，阳光普照的加利福尼亚山谷和墨西哥高原。大自然给予这些勇敢的原始猎人的礼物实在太丰厚了，把整整一个富饶的大陆铺开在他们的脚下。从此，这些远道而来的迁移者就在美洲定居下来，逐渐遗忘了亚洲的故乡，成为新大陆的第一批居民。

美洲史前岩画

为了查明美洲人的起源问题，考古工作者和地质工作者到处发掘，至今也没有找到更老的遗迹。有趣的是，仅有的少数人类化石和遗物，几乎都分布在西海岸上，年代都不超过 5 万年。

看吧！下面是一些发掘的记录。在加拿大和阿拉斯加接壤的育空地区发现的一块骨器，经过测定，距今大约 3 万年；加拿大阿尔伯达省的南部，一个幼童的骨骼距今 2.2 万年；美国西部的加利福尼亚州，一些古人类化石的年龄分别是距今 1.7 万年、2.3 万年、2.8 万年、4.4 万年，最早的也不超过 4.8 万年；得克萨斯州的一个头盖骨，距今 2 万年；新墨西哥州发掘到的一种具有特殊肩角的石器——圣地亚科尖状器，根据同时出土的动物化石鉴定，距今 1.8 万年；墨西哥的一个"古老"的头骨，只有 1 万年。

如果把它们都填绘在地图上，恰好和原始渔猎部落穿过白令陆桥，向新大陆进军的路线一致。

　　和这个情况相仿的是，在美国新墨西哥州的福尔塞城附近，发现了一个原始部落的居留地。在遗址里找到一种制作异常精致，底面刻凿了一条凹槽的尖状石器，考古学家把它称作"福尔塞尖状器"。后来这种石器发现得越来越多，从阿拉斯加到墨西哥的西海岸上到处都有，还一直向东，广泛分布在美国中西部的大草原上。

　　问题已经很清楚了，最早的移民是在4万多年以前，沿着太平洋海岸进入美洲，最后散布在整个新大陆的。

小档案

　　第四纪开始于距今260万年前。在第四纪更新世期间，北半球大致发生了四次冰期。最后一次冰期结束于1.15万年前。

【 三 划小皮艇的北极捕鱼人 】

这是 2000 多年前的白令海峡。

在暗淡的北极光的映照下，北冰洋的景色显得格外寂寞单调。天穹低低地垂落在地平线上，更增加了无限空旷的感觉。举目四望，到处都是冰雪，一些地方的冰块互相挤压着拱翘起来，使冰面变得坎坷不平。天空是灰沉沉的，藏在云雾后面的太阳，面孔显得十分苍白，仿佛它也耐受不住这儿的极端严寒，才失去了固有的血色。在这儿，甚至冰雪也不是洁白透亮的，似乎也蒙上了一层灰沙，呈现出一片异样难看的灰白色；远远看去，很难分清陆地和海洋。甚至天空和大地的界线也因为染上了同一种灰蒙蒙的色彩，而变得混混沌沌，模糊不清。

这里难以瞥见移动的物体，除了无处不在的风声和冰床上偶尔发出的轻微的冰块倾轧声外，也难以听见任何其他声响。时间和生命在这里好像都被冻结了。

然而，这一切只不过是一个错觉。如果有谁在高空俯瞰，便可以发现一些蒙着海豹和海象皮的单人小艇，在缓缓漂浮的冰块间悄悄地绕行着。划船的人穿着毛茸茸的兽皮衣服，带着有倒钩和皮索的渔叉，顶着风一桨又一桨地用力划行着。

他们是谁，要把小皮艇划到何处去？

这些冰海上的航行者聚居在亚洲最东端的楚科奇半岛，自称"因纽特"，就是"人"的意思，这真是再好不过的称呼了。试问，在这冰雪茫茫、寒风怒号的大自然中，难道还有什么比"人"——冰天雪地的主人这个名称更值得骄傲吗？

他们是勇敢的猎人，敢于握着原始的投枪，在雪地上追捕凶恶的北极熊；划着小小的皮艇，在冰海里猎取鲸鱼。他们是聪慧的劳动者，不用木材，也不用砖石，就地用一些压紧了、冰冻得十分结实的雪块修砌成帐幕式的小雪屋。屋内张挂着海豹皮保持温暖，点燃兽油灯度过漫漫的北极长夜。他们的"卡亚克"——单人小皮艇，外面蒙着海豹皮或海象皮，只留下一个刚刚可以容人坐下的小圆洞。划船的人坐在里面，把蒙在船身上的兽皮收拢，紧紧束在腰间。这样，不仅可以保暖，而且即使船翻了，水也浸不进去，小皮艇还可以迎着凛冽的寒风继续在冰海上划进。

因纽特人在卡亚克上

他们一次又一次离开了从亚洲伸出来的岬角，向着迷茫不清的东方海面驶去。海面上漂移着大大小小奇形怪状的冰块，弥漫着难以分辨咫尺距离、从早到晚都不易消散的浓雾，到处都潜伏着不可捉摸的危险。但是担心是多余的，因为他们世世代代都生活在北冰洋上，早就习惯了极地所特有的严酷环境。尽管他们之中的许多人曾经葬身在变幻无常的暴风雪和神秘莫测的冰海里，可是整个种族却汲取了更多的经验教训。他们勇敢地划着小皮艇在东方的海面上越驶越远。

他们要在东方寻找什么？经验告诉他们，有一股海水从那边滔滔不绝地涌入北冰洋，在这股海流下面，隐藏着数不清的鲑鱼和鳕鱼。这对以捕鱼为生的海上民族来说，该是一个多么强烈的诱惑呀！

终于有一次，他们驶行得比以往任何一次都远，小皮艇谨慎地绕过一座座危险的冰山，逐渐驶入了那股夹藏着大量游鱼的暖流。海流带着小皮艇穿过白令海峡悄悄向东偏移，这些水上猎人们只顾抛掷渔叉捕捉活蹦乱跳的鱼儿，丝毫未察觉已经顺流而下，驶近了迎面而来的另一条陌生的冰封海岸。海流沿着陆地和北极冰原之间的一条半融化的狭窄水道，日夜不停地向东奔去，把他们送到了离开故乡很远、很远的地方。

让我们打开地图看吧！穿越了白令海峡的海流，经过楚科奇海和波弗特海，沿着多岛的加拿大的极北端，一直流到

小档案

因纽特人散布在北美洲北冰洋沿岸，大致划分为居住在阿拉斯加、巴芬岛和格陵兰岛的三个族系，各自的习惯和方言有一些不同。

了巨大的格陵兰岛，那里濒临大西洋，水下的鱼群更多。在猎获的清单上，还增加了数量可观的鲱鱼、海鲈鱼和黑线鳕等。正是这些鱼吸引着这支民族逐渐离开亚洲的故乡，散布在从阿拉斯加到格陵兰的美洲沿岸，使他们成为新大陆的第二批移民。在这里，他们遇见了早在石器时代就迁移来的印第安人，后者把他们称作"爱斯基摩人"（即因纽特人）。这个词起源于印第安人的一支——居住在北美的阿尔衮琴部落的词汇"爱斯基曼蒂克"，就是"吃生肉者"的意思。因为因纽特人的食物，不论海豹还是鱼，几乎全都是生吃的。

因纽特人比印第安人具有更明显的蒙古人种的特点。现在他们虽然大多数都分布在美洲，但是还有一小支留住在亚洲楚科奇半岛的故乡。他们的语言、文化和风俗习惯都完全相同，更加印证了他们是从亚洲迁移去的。

因纽特人

根据考古调查，因纽特人的文化可以远溯到公元前后的白令海文化期，他们最迟在那时便到达了美洲。

以后，另一支自称为"乌乃干"，是一个与因纽特人在种族和习俗上相近的民族，划着一种名叫"巴达尔克"的小皮船，来到美洲向西伸出的一大串岛链——阿留申群岛，成为到达新大陆的第三支移民。这个民族也以海洋渔猎为生，被称为阿留申人。

小档案

古时因纽特人使用象形文字，骨雕艺术非常高超。不消说，他们描绘的大多都是北冰洋上的动物形象和狩猎时的情景。

【四】 东方海上来的"风神"

自从原始时代的亚洲移民跨过白令海峡到达美洲，直至哥伦布船队的驶达，在这漫长的岁月里，是否还有新的来访者？

居住在墨西哥的阿兹蒂克族的印第安人有一个古老的传说。据说在远古时代，从太阳升起的东方大海上，有一个白皮肤、大胡子、身穿白色长袍的风神来到这里，教人民种植和歌舞，并帮助他们制定了法令。在他的统治下，玉米长得像人一样高，棉田里绽放出五色棉花。后来，风神扬起

金字塔上的雕饰

015

白帆离开了这里。临别的时候，预言还会带着幸福的果子回来。

美洲印第安人的其他部落也有同样的传说。例如古代的哈尔人流传着这样的传说，曾有一些长着鹰钩鼻、乌鸦脸的人，乘着一只外形十分奇特的船来到这里。后来，又从大海里走出来一个满脸虬髯的神祇，教他们建筑、种田和历法。特采塔尔人则流传海蛇的儿子曾把文明传授给他们的传说。在墨西哥，人们把这些神秘的外来人称为圭查尔柯脱尔，就是"有羽毛的蛇"的意思。至今在古代的神庙废墟上，还可以看见这种法力无边的羽蛇神的浮雕形象。

这些传说是不是真的？有人把它和神秘的大西国联系在一起，认为这是从已经陆沉了的古大西国来的旅游者。

据公元前 5 世纪的古希腊哲学家柏拉图说，在距当时约 9000 年以前，赫拉克勒斯石柱（就是现在的直布罗陀海峡）以西的大洋中，有一个巨大的岛屿，它的面积比当时所知晓的整个亚洲和非洲加起来还要大。那里盛产黄金和许多别的矿石，农作物每年可以收获两次，生活十分富足。大西国的居民有很高的文化和技术水平，曾经统治着包括埃及在内的几乎整个地中海沿岸。后来在一个不幸的夜晚，由于一场空前强烈的地震，大西国全部沉没到大海里去了。

多少年来，人们围绕着大西国之谜，展开了热烈的讨论。有的人完全相信这件事，并列举出古巴比伦和古埃及的同样传说。据称，有一些从海上漂来的神秘使者，把种植、灌溉、建筑和历法等传授给当地的人们。这些使者也被认为是从大西国来的旅行者。

他们还举出证据说，在埃及、巴比伦和墨西哥都有相同式样的金字塔，并且都曾信奉太阳教，就是受了大西国文化的影响。

瞧吧！在墨西哥城北郊的提奥提华坎废墟，有一条长达两千米的"死者之路"，两侧耸立着许多规模宏伟的金字塔。包括底宽220多米，高达60多米的太阳金字塔，和它相伴的月亮金字塔，以及雕琢极其精美、每层都饰有带有羽毛的蛇头的圭查尔柯脱尔神庙金字塔。面对着这些用石块堆砌成的巨大的锥形建筑群，人们不禁目瞪口呆，联想起开罗郊外沙漠里的金字塔群，所不同的只是前者是一些神庙的台座，而后者是古代帝王的陵墓而已。

提奥提华坎废墟遗址

为了进一步证实这个说法，有人甚至在地图上标出了古大西国的位置，并认为四周为悬崖陡壁所环绕的加那利群岛，就是大西国沉没以后露出在海面的山尖，岛上的关西族便是大西国人的后裔。

有的地质学家也出来作证，指出在亚速尔群岛以北900千米处，水深3000米的洋底，有一层玄武玻璃。它只有在地面上迅速冷却的条件下才能凝结形成，很明显这是后来才下沉到水里去的，陆地在这里至少下沉了3000米。大西洋两岸到处都有下沉的痕迹，英国西海岸还曾沉没过一个名叫达努依奇的古城。因此大西国下沉，是完全可能的。

也许，历史上曾有过这么一件事。大西洋上一个神秘古国的居民曾把文明的种子传播到两岸广大地区，然后他们在一次可怕的地震中从海上永远消失了。他们是传说中的羽蛇神，是首批从东方到达美洲大陆的旅行者。

玛雅神庙遗址

小档案

公元5—6世纪，玛雅人在尤卡坦半岛北部，建立了有名的奇琴伊察城。10—11世纪，又出现了两个城市国家。由于岁月沧桑，只在密林里留下荒凉的废墟。玛雅古国的金字塔是祭坛，也是特殊的"天文台"。金字塔四周有365级陡斜的台阶，表示一年的日数。太阳直射赤道的春分和秋分时刻，白天黑夜的长度相等。这天阳光会在金字塔墙壁上映出一条"蛇"的影子，提示人们注意这个特殊的日子。玛雅历法一年分为18个月，每月20天，多余5天作为宗教的禁忌日。

【五】 沉默的岩块

历史的灰尘所隐藏的秘密是很难一一厘清的，这里还有一个费解的谜。

在美洲东北部的海岸边，有时可以发现一些巨大的石块，上面刻画着许多横七竖八的线条。由于岁月久远，经过时间老人手指的摩挲，有的已经被风化剥蚀得模糊不清。大西洋的波涛日夜不息地在近旁翻滚和咆哮，卷起一阵阵雪白的浪花，似是急于要倾吐出有关它的一切秘密。但是谁也听不懂大海吟唱的语言，更没人去注意，并且研究这是无意识的涂画还是有目的的刻写。它到底出自谁的手笔？

后来，一位叫费尔的新西兰科学家开始留神它们的特点。他在美国萨斯奎哈纳河口附近收集了几百块这样的石头，仔细比较以后不觉大吃一惊。这些看来似乎毫无意义的笔画，竟和葡萄牙的特拉兹—乌兹—蒙蒂斯省所发现的青铜时代的文字很相似，并且明显具有北非的古迦太基—腓尼基原始语言的特征。

他十分耐心地整理出了这种古石刻文字的字母表，并借助于居住在葡萄牙和西班牙的巴斯克人的字典，像解密码似的着手翻译。根据他的译文，其中一些石头上写着"哎……""我热泪盈眶""阿内兹，一个活了三个夏天的小女孩"等表示悲悼心情的语句。因而他断定它们都是墓碑，这里曾是公元前7世纪至前9世纪的古巴斯克人的居民点。

接着，他又调查了加拿大和墨西哥的一些同样的石块，结果认为是古迦太基人的文字。其中有一句值得引起注意的译文是"汉诺从达武来到这里"。汉诺是公元前5世纪的著名腓尼基航海家，难道他真的曾率领一支船队横过波涛滚滚的大西洋到达这儿？

古迦太基遗址

如果费尔的研究没有弄错，美洲沿岸真有古巴斯克人和腓尼基人的居留地，遗留了数以百计的墓碑，那么这就绝不是一次偶然的误航事件，至少在此之前曾有过试航，以后才有载运着妇女和儿童的移民船队陆续到达，这是一件多么了不起的事情！但是使人难以理解的是，这一延续了几百年的规模盛大的壮举为什么没有在历史上留下任何痕迹，甚至专门记述汉诺功勋的《汉诺航海记》上也没有一字一句的记述。究竟是历史的疏忽，还是费尔搞错了，还需要做更多的研究。但是几乎可以立即肯定的是，这些海边巨石上的涂绘和印第安人的文字毫无共同之处，这是一些来自大西洋彼岸的旅行者的手笔似是可以相信的。

如果这些石头本身能说话就好了，但是尽管狂风在它们的头顶不住呼啸，浪花在它们的脚下汹涌澎湃，它们却一动不动，始终缄默不语，使人无法彻底窥破这些海滨石块的秘密。

小档案

巴斯克人生活在伊比利亚半岛，今天是西班牙的一个少数民族。

【（六）太阳神"拉号"】

1969年5月25日，一艘用芦苇捆扎成的奇怪小船驶出了摩洛哥塞布港，船上乘坐着五个不同国籍的旅客，一只活蹦乱跳、不肯安静下来的猴子以及鸡、鸭各一只。这引起了港岸上以及泊港船上人们的好奇，人们打量着这只"诺亚方舟"式的小船，在心底发出疑问：他们是谁？要驶往哪里？

熟悉内情的人知道，指挥这只芦苇船的是挪威著名的探险家沙尔·海雅达尔，这次航行的目的地是约6500千米外的美洲。

海雅达尔已经55岁了，鬓边也已露出了许多白发，为什么还要驾驶着这样一只脆弱的小船去和大西洋的风浪搏斗呢？

原来海雅达尔是一个勇敢的探险家，也是一个工作态度非常严谨的科学家。通过观察比较，他发现南美洲印第安人的文化遗迹有许多方面和四五千年前的古埃及文化很相似，因此他怀疑它们是从埃及传来的早期文明。但是，为了要证实这个论点，必须回答一个使人困惑的问题：古埃及人怎样漂过汪洋大海到达新大陆？

海雅达尔素来就认为大洋不足以成为人类往来的障碍。因此，1947年4月，他曾为了研究太平洋上的土阿莫图群岛的民族起源，和五个伙伴、一只鹦鹉，乘了一只古代印加人式的木筏从秘鲁出发，花费301天，漂流

8000千米，终于到达了目的地。这一次，他准备采取同样的办法，通过亲身实践来证明这件事。

试验必须在严格仿效古代的条件下进行。他仔细察看了埃及一座大金字塔内壁画上的芦苇船图形。与此相似的芦苇船，至今还在南美高原上的的的喀喀湖上应用，他认为古埃及人很可能就是乘坐这种小船漂航到那儿去的。他决定也采用这种船，于是便在青尼罗河发源地的达拉湖边砍了12吨芦苇，按照从金字塔里抄绘来的图纸捆扎了一条小船，把它取名为"拉号"。因为，"拉"是埃及太阳神的名字，古埃及和印第安人都信奉同一太

古埃及壁画

阳教，太阳神拉的名字本身就意味着两个民族之间的一种神秘的联系。

他们的航行起初十分顺利，六天后驶过了加那利群岛，大约一个月就

漂航了 3300 千米，前面还有不到一半的航程就可以到达美洲了。

但是进入 7 月以后，大西洋上卷起了罕见的风暴，狂风夹着暴雨无情地袭击小船，洋面上掀起的巨浪足有 6 米高，像是一座座两层高的楼房。小船一会儿被托上高高的浪峰，一会儿又被摔入深陷的波谷，真是危险极了。

在风浪中，芦苇船受了严重的损坏，又行驶了一段距离后，终于在邻近美洲不远的地方被海浪吞没。海雅达尔一行人被跟随在后面的保护船救起才幸免于难。

"芦苇船怎么能漂洋过海呢？"有人劝海雅达尔，不要再去冒险。

"不，"海雅达尔摇了摇头，沉思了一会儿说，"我坚信埃及和南美洲有过联系，古代人能够做到的事情，现代人也一定能做到。上一次的失败在于小船捆扎得不够结实，只要注意这一点，就一定能够成功。"

1970 年 5 月 17 日，他造了第二艘太阳神"拉号"芦苇船，再度从塞布港出发驶向南美洲。这一次比较顺利，40 天后就看见了从陆地上迎面飞来的蜻蜓。又过了 17 天，终于抵达加勒比海上的一个小岛，从而证实了古埃及人使用这种船只来到美洲的可能性。

除此之外，还有许多线索表明，世界上还有一些民族也有可能到达过美洲大陆。例如南美洲的一些印第安人具有较黑的肤色和波型头发，鼻部也较宽，和太平洋上的一些岛屿居民很相似。在美国缅因州的一块岩石上，刻有一段拉丁文的诗句，附近的海滩上曾发现公元 3 世纪的古罗马钱币。在墨西哥的古玛雅人和阿兹蒂克人的语言中有类似土耳其的词汇。在北美一个印第安部落中有类似威尔士的词汇，威尔士人还传说，在公元 1170 年，一位名叫格威内德的人到达过美洲。

美国的田纳西州和佐治亚州发现了一些石刻文字，表明在 3000 年前，也许曾有一些希伯来人从巴勒斯坦来到这儿。在那儿，有一支印第安人，他们的容貌、语言和习俗都带有一些希伯来人的痕迹。另一块石刻碑文，经研究认为是古腓尼基人留下的。

在阿拉伯的记载中，传说有人从北非的卡萨布兰卡出发，到达了一个动植物都和旧大陆不相同的很大的地方。爱尔兰也有一个传说，说是公元6世纪的一个名叫圣布伦丹的传教士在北海上浪游了许久以后，曾经到达美洲，如今在纽芬兰考古中还找到了一些证据。

这些说法当然不一定都属实，但也并非毫无根据。至少提示了在遥远的古代，可能有人不断从四面八方漂流到美洲来。

小档案

芦苇船是古埃及特有的航船。埃及缺乏树木，海滨沼泽地带却有许多芦苇。聪明的埃及人发现芦苇有浮力，就捆扎起来造船了。由于芦苇可以用来造纸，所以又叫纸莎草，芦苇船也叫纸莎草船了。

【 七 】 扶桑国在什么地方

在我国古代，传说东方的大海尽头有一棵巨大的扶桑树。它有几千丈长，耸立在波涛汹涌的海水之中。在它的枝头上住有十个太阳，它们轮流到空中巡行。这棵神奇的扶桑树十分遥远，距离中国不知有多少里程。

可是，在记载南北朝时期的一段历史的《梁书》中，却对扶桑树有完全不同的描写。书中说扶桑刚生出时可以吃，皮可以织布、造纸。在倭国（就是现在的日本）东面大约 1.6 万千米的地方有一个遍布这种奇怪的扶桑树的国度，这个国家就叫作扶桑国。公元 458 年，有五个罽宾国（现在的克什米尔）的和尚曾经倭国、文身国和大汉国，去那儿传播佛教。公元 499 年，有一个叫慧深的中国和尚也访问过扶桑国。慧深的师祖是一个印度人，名叫伽跋摩，这个教派以远游异乡传教为宗旨。因此有人认为慧深在 23 岁学成时，曾跟随那五个罽宾国的和尚到达过扶桑国。扶桑国就是现今的墨西哥，而他们就是历史上可以考证的最早到达美洲的外乡人。

据考证，扶桑木就是墨西哥特产的龙舌兰。据慧深说，那里还有许多野葡萄和一种犄角很长的牛。那里不稀罕金银，也没有铁器，人们使用铜器；人们居住木板屋，使用象形文字；那里是奴隶社会，奴隶的男孩年满 7 岁、女孩年满 8 岁也成为劳动的奴隶；那里有两种监狱，分别关押罪行轻重不同的犯人。显贵的人犯了罪，要站在坑内受众人的审判，人们把灰撒在他的四周，撒的灰圈越多，判刑就越重，这都和古墨西哥的情况相同。

至今在墨西哥的印第安人中，还流传着一个有关"Wixipecocha"的故事，传说这个外乡人给他们带来了许多有用的知识，因此被当地人供奉为神祇，可能"Wixipecocha"就是"慧深比丘"的音译。

也有人持不同意见，认为慧深所说的扶桑国有马车、牛车和鹿车，这和墨西哥的情况不符，他所描绘的婚丧习俗也和墨西哥的有一些出入。因此判定慧深去的并不是美洲。

有关慧深是否到过美洲之争，持续了两百多年。当然，只靠一段内容有矛盾的记载来做结论是不够的，要解决这个问题，还必须寻找更多的证据。

文物就是最好的证据。漫长的美洲西海岸面对着辽阔的太平洋，与中国隔海相望，在交通闭塞的古代，几乎难以设想曾有文化往来。但是令人惊讶的是，这里竟有大量中国文物出土，它们像是一串断线的珍珠似的，散落在上万千米的海岸线上。如在距离亚洲最近的阿拉斯加，发掘出了中国古代的陶器和铜器。墨西哥发现了许多有中国文字或式样的石碑、古钱，以及用泥、木、石雕塑的图案和神佛。那里的一个古文化遗址的金字塔上，有"日""目""市"等中国象形文字。另一个大石碑上，雕塑着龙和胸前挂了念珠的佛像，从碑上的玛雅古国的纪年来看，大约相当于公元525年，仅是慧深从扶桑国返回中国以后的26年，这难道是一个偶然的巧合？

除此之外，在巴拿马的一个古纪念碑上，有类似佛祖"释迦牟尼"的音译"萨基摩尔"的名称。南美洲的厄瓜多尔曾发掘出王莽时代的古钱。秘鲁有一块古碑，上有中文"太岁"二字；在秘鲁还掘到一支银笛，它的笛孔距离和中国笛子正好相同。一座印第安古墓的旁边，有石刻的喇嘛像。

在玻利维亚发现的地下文物中有的刻写着中文。甚至在加拿大东部的大西洋海岸，从地下找到的一根石柱上，也有中国古代的篆文。

这些古代文物虽然有的可能是后来流传去的，但是其中不少却是从古印第安文化遗址内发掘出来的，并且有的已直接和后者融为一体。这就说明其时代和这些遗址同样古老，从而证实了中国人确曾在很久以前到达过美洲。慧深也许只是其中的一个，在此以前可能还有更早的先驱者。因为，只有经过多次试航，人们才有可能知道经由倭国、文身国和大汉国通达遥远的扶桑国的路线，使慧深和从罽宾国来的五个和尚能够有目的地前往游历并传播佛教。可惜在封建时代的中国，这一重大的地理发现没有得到应有的重视，中国和美洲的联系就此中断了。直到16世纪后，才有大批中国移民重新来到新大陆，在当时的墨西哥城中建立了第一批中国人聚居的"唐人街"。

说到这里，还有一个有趣的问题值得引起注意。笔者研究长沙马王堆1号汉墓的资料，注意到随葬笥内垫底的白茅草和丝织衣服中，有三只钩纹皮蠹的幼虫。这种昆虫特别喜欢吃皮革、烟草、茶叶、衣服、粮食、油脂等动植物制成品，经常生活在仓库、车船和家庭储藏物品上。它的惰性很大，如果不经过一定的人为媒介，很难到处传播。昆虫学家一直认为它原产美洲，后经货物转运才传到世界各地。以和美洲交往特别密切的英国来说，钩纹皮蠹也是最近几十年才传入的。想不到这种昆虫远远早于哥伦布发现新大陆，竟在两千一百多年前的马王堆汉墓内出现了，这是一件多么发人深省的事情！

无独有偶的是，美国圣地亚哥大学的一位考古学家，在加利福尼亚州附近的海底，发现了三个奇特的"石锚"。美洲从来就没有这种东西，只是在我国一座东汉古墓出土的陶船上，才在船头吊有类似的石锚。因此可以断定，在加州发现的这三个石锚是中国古代航船的遗物。其中的一个，表面包裹着一层薄薄的锰的沉积物，根据锰每千年聚积 1 毫米计算，推测它有两千多年的历史，几乎正和马王堆汉墓的时代相同。人们不禁要问，它们之间是否存在着一种神秘的联系？

这两个有趣的发现意味着什么？是否表明远在慧深以前的汉代，就有一些无名的中国航海家到达过美洲？这是值得进一步研究查明的问题。

小档案

有人说，西周消灭殷商后，一些殷商遗民浮海漂到美洲。美洲印第安人的许多文化和殷商一模一样。"印第安"就是他们相互问好的时候，为了不忘故土，说的"殷地安"。其实"印第安"是哥伦布误以为这里是印度，把他们叫作印度人而来的，不是什么殷商遗民。还有人说，《山海经》里许多地方就有美洲的影子，认为战国时期，中国人发现了美洲，也是牵强附会的，不能作为科学证据。

八 诺曼人寻找"西方乐土"

峻峭的挪威海岸屹立在汹涌的北海边，它那刀削似的崖壁像一堵长墙，截断了从西南方滚滚而来的一股巨大的海流的去路。

被激怒的波浪在陡崖下发出一阵阵的呐喊，勇敢的海燕贴着坎坷不平的崖壁疾飞而过，在这高高的崖顶上，居住着和海燕一样勇敢的诺曼人。

诺曼人是北国山地的子民，也是波涛翻滚的海洋的主人。由于过度严寒的气候和贫瘠的山地不利于庄稼生长，他们很早就开始扬帆张网生活在面前的这片暗蓝色的大海上。世世代代在北海上辛勤劳动的结果，使他们就像知晓山崖间纷乱的小径一样，熟悉了海上的一切情形。这里有一股西方来的巨大海流带来了大批的鱼群，使这里成为著名的渔场。它的海水比较温暖，尽管北欧特有的严冬用厚厚的冰雪铺满了整个大地，但是海流所经之处却从不结冰，仿佛它是流自某个终年阳光普照的暖海，到这里仍有未被发尽的余热似的。

更奇怪的是，海水经常冲来一些不知名的树木，这不是当地常见的松树、杉树和笔直挺拔的枞树，也不是英格兰和苏格兰森林中特产的橡树、白桦，就是当地最有经验的伐木工也从未见过这些奇怪的树种。

难道在那无边无际、自古以来习称为"昏暗大海"的那边，还有人们所从不知晓的陆地？那里也许气候温暖，陆地上长满了奇花异木，海面上

挤满了各种鱼群。这对于身受专横的宗教压迫，残酷的封建领主迫害，严酷的自然环境束缚的贫苦人民来说，该是多么诱人啊！

于是，一些贫苦的渔民和被黑暗的社会制度逼迫得铤而走险的"海盗"开始扬帆启程，到迷茫的西方大海去寻找向往中的"乐土"了。谁也弄不清他们是何时开始这一探索的，也没有谁知道在寻找西方乐土的过程中，有多少船只和生命被暴虐无常的海洋所吞噬。但是，牺牲总是有代价的，经过了无数次试探以后，他们终于冲破了层层波涛的阻隔，踏上了一块坚实的土地。

诺曼人的航船有着尖尖的船头和船底龙骨，结构十分坚固，带桡片的独桅或双桅帆船，特别适合在风大浪急的北海上航行。公元 867 年的一天，风暴在狂怒的大海上呼啸，大雨瓢泼似的下个不停，一艘这样的帆船在海上越漂越远，进入了西北方的一片从未到达过的海域。船身在浪头上前起后伏，左摇右摆，在强风的压力下，桅杆发出了咯吱咯吱的声音，身体十分结实的海员们也都感到头晕目眩、周身疲软。这时，他们多么盼望能有一块哪怕只是巴掌大的陆地来系住船缆啊！

船长纳多特掌稳了舵，在风浪中艰难地保持着帆船的平衡，两眼不住向前方探索，指望能在这一片浪花横飞的怒海上分辨出正确的航路来。可是万万没有料到，正前方突然显现出一道银白色的陆地的影子。驶近了一看，海岸上渺无人迹，起伏不平的原野上积满了冰雪，纳多特把它称作冰岛。

消息传回去，诺曼人以为这就是"西方乐土"，他们指望在那里除了积雪的原野，还能找到潺潺的流水和常青的树木。

三年以后，另一批诺曼人沿着他的航线来到这里，经过仔细的勘察，才发现这仅仅是个很大的岛屿。岛上除了一望无涯的雪地，就是一片片暗黑色的刚凝结成的熔岩流地面，有的釜状山口冒出炽烈的火光，另一些山口和地面的裂缝中升腾起一阵阵丝丝袅袅的烟雾。这里是冰雪和火焰的国度，几乎没有什么生命，更谈不上有什么繁茂的热带林莽，简直就和世界之初的原始模样没有两样。

诺曼人虽是有些失望，但是能在过去被认为只是一片连绵不绝的大海中找到偌大一个岛屿，也算是得到了一些安慰。

又过了四年，更多的人漂洋来到这里，在海边修建了村庄，建起了固定的居留地。这个村庄继续发展，后来就成为冰岛共和国的首都雷克雅未克。

但是，人们并不满足。公元920年，另一个诺曼人洪拜伦继续向西航行，到达了一个被厚厚的冰川所覆盖的地方。公元983年，著名海员"红头发"埃里克为了寻找一个栖身之地，顺着阴沉沉的冰川海岸逐尺逐寸地仔细巡察，终于在西南部的岸边发现了一小片长满青草的平地，并高兴地给它取名为格陵兰，就是"绿洲"的意思。后来这个名字扩大运用于整个冰封的大岛，予人以一种和现实环境极不协调的感觉。

几年以后，埃里克回到故乡，招募了一大批人去开发格陵兰。半途中一些船只遇了难，但是仍有大约500人到达了目的地。在那里他们以捕鱼、猎熊和海兽为生。从此，人们在挪威、冰岛和格陵兰之间建立了不定期的航线，时不时地有船只冲破北大西洋的波涛和浓雾，来到这个位于美洲东北部的积雪大岛——格陵兰。那儿距离美洲大陆已经很近了，但可惜的是，诺曼人还不知晓这个大陆。不然，新大陆的大门早被诺曼人打开了。

时间一天天地过去，一个新的历史性的时刻终于到来了。一次，一艘从冰岛驶往格陵兰的帆船在大雾中迷了航，在海上漂流了许多天，最后来到了一个陌生的地方。那里平缓起伏的岗峦上密密匝匝地布满了暗绿色的针叶林，与遍地冰雪的冰岛、格陵兰的风光大不一样。这对生活在海外新居留地上的诺曼人说来，是一个多么有意义的发现啊！因为冰岛、格陵兰都缺乏树木，所有的建筑材料几乎都要跨过大洋，从遥远的北欧运来，既浪费时间，又要冒风险。如今从这个新发现地，只需向北航行十天就可以到达格陵兰了。

公元1000年，"红头发"埃里克的儿子里奥尔从挪威的首都奥斯陆驶往格陵兰，在快要到达的时候，突遇风暴，向南漂流到一个荒凉的岩石海岸边，他把这里称作赫里兰，意思是"石头地方"。新的发现使他产生了兴趣，于是他又继续向南航行，几天后看到了一片森林覆盖的海岸，他给这里取名叫作马尔克兰，意思是"森林地方"。再向南航行了两天，他们最后到了一个生长着许多野生小麦和葡萄的地方，这里被命名为文兰，就是"葡萄地"的意思。

由于里奥尔的航行，诺曼人的航线又延长了许多。他们终于到达了世代梦寐以求的"西方乐土"，得到了许多从未见过的果木和别的产品，他们还在那儿遇见了新大陆上的第一批移民——印第安人，并且互相友好地进行了物品交易。

可惜的是，诺曼人的新发现并没有引起旧大陆上各国政府的注意。那些迷信"天圆地方"，认为西方海平线上的海水全都流进无底深渊的中世纪教士们，以及那些只知闭锁在庄园内，心满意足地瞥视着鼻尖下面一小块领地的封建地主们，怎么能够充分认识到诺曼人所发现的新大陆的重大意义呢？事实上，当时低下的社会生产力也不足以掀起一个向海外发展的新浪潮，诺曼人的功绩便为时间的波涛所冲淡，渐渐为人们所遗忘了。

但是，历史是不会把他们完全忘记的。为了证实诺曼人先于哥伦布到达过美洲，1961年，两个勇敢的诺曼人的子孙——现代的挪威考古工作者，乘坐一只小船从奥斯陆出发，沿着里奥尔和别的先驱者航行过的道路，终于到达了当年里奥尔漂流到的地方。他们在纽芬兰北部的波尔德角发现了几小块平整过的场地，经过发掘，证实这里便是里奥尔居住的遗迹。因此，诺曼人要比后来的哥伦布约早500年踏上新大陆。

小档案

雷克雅未克是冰岛的首都，意思是"冒烟的海湾"。最早来的移民瞧见岸上一片烟雾腾腾，就取了这个名字。这些烟雾是从许多温泉和间歇泉中冒出来的。

【九 马丁湖底的神秘独木舟】

　　英格兰中部的兰开郡有许多风光绚丽的小湖。大约在 17 世纪末，其中的一个马丁湖被排干了，当人们在开挖湖底的时候，无意中掘出了一只独木舟，接着又是一只……就这样一共挖出了 8 只。最初人们以为这几只独木舟不过是英国古代原始人类的遗物，但是一位名叫李依的学者仔细研究和比较分析后，感到非常惊讶。原来，这些独木舟的式样和大小，竟和当时美洲印第安人使用的没有什么不同。

　　200 多年过去了，谁也不曾注意到这一考古发现所可能包含的重要意义，甚至竟连引用这条资料来记述水底沉积物情况的英国著名自然科学家莱伊尔，也没有对它评述一个字。人们似乎都忘记了一条重要的考古学法则，两个相距遥远的民族如果没有互相交往的关系，文物特征完全相同是不可想象的。

　　如果李依的鉴定没有错误，唯一的可能性只能是古代的美洲印第安人曾经到达过英国。听见这样的结论，人们也许会吃惊地发问："这会是真的吗？难道古代的印第安人就是凭借这种原始的独木舟漂过辽阔的大西洋来到英国？"

　　其实，要回答这两个问题并不十分困难。翻开北大西洋的海图就可以看见，从美洲中部炎热的墨西哥湾，有一股宽达几千米的墨西哥湾流，以每昼夜150千米的流速偏向北西，流到英伦三岛的西岸，然后再向北流到挪威的海面，最后消失在北极圈里。我们在前面已经说过，这股巨大的海上"河流"曾卷带着一些美洲的热带树木流到北欧沿岸，给勇敢的诺曼人以启发，终于使他们扬起船帆向西方进发，从而发现了冰岛、格陵兰和纽芬兰。既然海流可以把树木冲到欧洲，为什么不可以把和漂木相似的独木舟也一同带去呢？

另一个问题，没有任何现代化装备的原始人是否能在独木舟上经受住风浪的袭击？回答是肯定的，莱伊尔本人便曾收集了许多宝贵的资料。他发现在辽阔无垠的太平洋上，很少有几个珊瑚礁和火山岛上没有人居住。在这些岛上，人们的语言和风俗习惯往往都大致相同，他们可以划分为波利尼西亚人、密克罗尼西亚人、美拉尼西亚人和巴布亚人等几个主要的民族。

为什么各岛之间隔着汪洋大海，种族和文化特征却如此相似呢？莱伊尔认为是独木舟长途漂流的结果。例如，1721年，两只载有30人，其中包括妇女、儿童的独木舟漂流了300多千米，到达马利亚纳群岛的瓜汉岛；另有一只乘坐了3人的独木舟，从塔希提岛漂流约880千米到达瓦迭奥岛。1696年，两艘载着30人的独木舟从安柯索岛，被风暴带到约1280千米外的菲律宾群岛。

事实证明独木舟漂洋过海虽然充满了危险，但是在顺利的情况下，却不是不可以成功的。漂流到英格兰的古印第安独木舟，很可能是在风浪中迷失方向后，被墨西哥湾流带去的。千百年来，不知有多少迷航的独木舟在漂洋越海的途中被大海所吞噬，真正到达欧洲海岸的只是其中很少的一部分。有趣的是，17世纪末在英国找到的印第安式独木舟并非发现于迎着墨西哥湾流的海边，而是发现于与大海完全隔绝的马丁湖内。很可能，这些侥幸逃生的印第安人在登上英国海岸后，就迁居到水草丰美、适宜于渔猎生活的马丁湖畔，在那儿按照美洲故乡的方式制造了这些独木舟。此后不知什么原因，他们全都在英格兰的林莽间悄悄消失了踪迹。

当然，这一切只不过是一个猜测。如果这是真实的，那么就会引出一个饶有兴味的新问题：不是手持十字架和火药枪的欧洲人首先"发现"了新大陆，反倒是这些美洲来的"哥伦布"先踏上了欧洲的土地，这岂不是对那些殖民主义者和形形色色的种族主义者的最辛辣的嘲讽吗？

小档案

这个事实是笔者在20世纪60年代研读莱伊尔写的《地质学原理》时发现的疑问，后来经过进一步研究，确信这是一段被遗忘的真实历史，据此写出了科幻小说《美洲来的哥伦布》。1986年，通过英国伦敦大学的考古学研究生爱丽丝·柴尔德（Alice Childs）的协助，查明了莱伊尔所说的马丁湖，今天名叫马丁米尔湖（Marton Mere），距离海滨城市布莱克普尔市（Blackpool）只有2000米左右。这个湖当年是被一个名叫托马斯·格林伍德（Thomas Greenwood）的人排干，那8只独木舟才得以重见天日的。

【 十 姗姗来迟的哥伦布 】

1492 年秋季的北大西洋上，三艘多桅帆船穿过薄薄的雾气，在浪涛里不住颠簸，十分艰难地向西航行着。这三艘船都不大，其中两艘较大的才不过 20 米长，6 米左右宽，排水量不到 100 吨。从船头两侧所标出的西班牙文来看，一艘名叫"圣玛利亚号"，另一艘是"品塔号"。跟在它们后面的"尼雅号"，排水量只有 40 吨，小得更加可怜，它的模样儿与它名字的含义极为相似（"尼雅"就是"小孩"的意思）。这支小小船队首尾相接，紧紧挨靠在一起，仿佛害怕一排大浪卷来，会把它们冲散似的。

在最前面的"圣玛利亚号"的船台上，站着一个戴三角檐帽的人，他双手紧握一支长长的单筒望远镜，不时地朝天边漫无目的地搜寻着，像是在期待一个企盼已久的奇迹突然在眼前出现。他的名字叫作克利斯托夫·哥伦布。哥伦布是意大利半岛北部的热那亚人，出身于一个织工家庭。他在过去的 41 年中，曾经做过水手、船长和港口引水员，他还是一个热心的天文爱好者。现在他所率领的这支小帆船队，是 8 月 3 日从巴罗士港出发的，准备向西绕过大陆，寻找一条通向富饶的印度的新航线。

那时，西欧已经萌发了资本主义，国王、贵族和领主们已不再满足于躲在阴暗的中世纪城堡中窥察世界，他们渴望从海外夺取更多的黄金、白银、象牙、香料和奴隶，以不断扩大自己的财富，建立无上的霸权。他们贪婪的眼睛转向欧洲以外的广阔世界，尤其是包括中国和印度在内的富饶东方。

怎么才能到达东方呢？按照过去的传统路线，要走亚洲腹地的丝绸之路。但是走这条陆路不仅要穿越许多沙漠、冰川和崎岖不平的山地，而且沿途充满危险，所以这是一条路途远、耗时长、花费大、运载量小的路线。此外还有一个极其不利的因素，那就是奥斯曼帝国正在土耳其兴起，它征服了西亚和北非的大片土地，占领了欧洲的巴尔干半岛的大部分地区，阻碍了从陆上通往东方的道路。那时任何异教徒要想从他们的新月旗和闪亮的马刀下通过，是根本办不到的。

哥伦布

最热衷于向海外发展的西班牙和葡萄牙人费尽心机，企图开辟一条绕过蛮横的奥斯曼帝国的新航路。葡萄牙人把眼光转向了南方的大海，经过70多年的缓慢探索，他们终于霸占了西非的大片土地。

这时，哥伦布作为一个业余天文爱好者，接受了当时的关于地球是个球体的新观念。还在23岁的时候，他就曾写信给著名的意大利天文学家兼地理学家图斯坎尼利，询问关于从海上通往印度的最短路线。很可能，那时他已把准备穿过西方的大洋驶往印度的想法告诉了图斯坎尼利。

这位很有地位的学者并不因为哥伦布的贫穷、年轻而看不起他，相反却十分欣赏他的才华，立即给他回了几封热情洋溢的信，告诉他"通过大洋到黄金和香料之国，是一条比葡萄牙人所发现的沿非洲西海岸的道路更短的途径"。并且计算，从西非沿岸的加那利群岛到"盛产黄金、珍珠、宝石，居民以黄金修建庙宇和宫殿"的日本，只有大约 4500—5000 千米。虽然他的估计有误，但是却对年轻的哥伦布产生了很大的影响。

20 多岁就从意大利迁到葡萄牙居住的哥伦布，向葡萄牙国王提出了这个建议。最初，葡萄牙曾派船从佛得角群岛向西试航，结果却什么也没有发现，经过了长期拖延以后，拒绝了他的计划。于是他又向西班牙提出同样的想法，并且自告奋勇前往试探。贪婪的西班牙女王伊萨伯拉和她的丈夫斐迪南大公爵正苦恼于强邻葡萄牙已经先下手，控制了唯一还有一点希望的沿非洲航线的许多港口。哥伦布的建议不消说正中他们的下怀，他们立即满口答应下来，西班牙女王还慷慨地批准了他同时提出的要价很高的权力要求，即任命他为所发现的一切土地的终身海军上将和总督；死后海军上将的职位传给其继承人；西班牙国王只能从他提出的候选人中来挑选个别岛屿和省份的总督；一切金银、宝石、珍珠、香料等财富，哥伦布有权取得十分之一；他和他的继承人还是所发现的地方和西班牙产生贸易纠纷的唯一裁判人。这个要价的确太高了，过去葡萄牙国王拒绝了他，一部分也是由于这个原因。

但是西班牙女王一开始却表现得十分吝啬，只给了他两艘破烂不堪的战船，第三艘船是参加探险并分别担任"品塔号"和"尼雅号"船长的平

松兄弟捐助的，80多名水手不是对女王不恭顺因而被判处一年苦役的人，就是刑事犯和一些刚释放的奴隶。要想率领这支队伍去探寻十分渺茫的新大陆，看起来真有些像是开玩笑。

但是哥伦布的决心很大，在平松兄弟的帮助下，他用皮鞭和灿烂的黄金梦驱使着这伙被认为是"十恶不赦"的罪人，向着一望无边的西方大洋驶去。刚刚航行不远，"品塔号"就坏了，另外两艘船也因严重漏水，而不得不加以修理。

由于没有导航图，在绕过加那利群岛后，哥伦布采用了正西的航向。起初船队行进很缓慢，但是当他们驶入了从东向西不住奔流的北赤道洋流以后，就十分迅速地朝着西方日夜漂航了。

时间一天天地过去，他们什么东西也没有发现。加以狂风恶浪和饥饿、疲劳的无情折磨，许多水手都害怕了，怨言也开始多了起来。一个多月以后，船驶到了马尾藻海，当他们看见水面漂浮着许多水草时，心里稍许平静了一些，他们满以为马上就能够踏上一块坚实的陆地。但是当船队穿过了它，前方依旧翻滚着一望无涯的碧蓝色的波涛，他们更加害怕了，甚至有人认为这一切只不过是一场幻术，他们终将连人带船全都坠入古代传说中西方海极的无底深渊呢！

这时，水手哗变，坚决要求哥伦布改变航线，掉转船头驶回西班牙去。哥伦布本人也感到十分困惑，为什么出发了将近两个月还没有瞧见预计早就该到达的印度的影子？只是由于他的性格十分坚毅，并且坚信地球是圆的，才没有停止前进。但是尽管他的计划很正确，这时在茫茫的大海上他却是十分孤立的，西班牙女王的权杖不可能在这里予以他任何帮助，他时时刻刻都担心船员会发生暴动，心里十分焦急。

想不到就在这时，10月7日，天空中突然出现了一群海鸟，振翼向着西南方飞去。鸟儿是接近陆地的一个象征，那些双目凹陷、下巴上长满了胡子的水手们，一个个拥挤在船舷边，就像望着显灵的天使似的，无限羡慕地盯视着那群鸟儿越飞越远。真的骚乱起来了，哥伦布被迫放弃正西的航向，跟着鸟群前进。

这样又行驶了三天，依然没有看见陆地，船员们忍耐不住，又闹了起来，眼看就要出事了。10月11日，海上又漂来了许多树木和芦苇。哥伦布再也不迟疑了，判定向往中的陆地就在前方。于是他下令谁最先看到陆地，就给予奖赏。

船上的水手们都开始激动起来，纷纷涌上甲板朝远方眺望。一轮落日缓缓沉下西方的水平线，散发出灿烂辉煌的霞光，使他们恍然觉着这是黄澄澄的金子、红莹莹的玛瑙和宝石放射出来的光芒。从西班牙出发以来，他们还从未这样高兴过，也从未怀着这样愉快的心情欣赏过瑰丽的海上日落的情景！那天晚上，甚至连哥伦布本人也沉不住气了，他总以为已经瞥见了远处的灯光。

可是直到下半夜，10月12日凌晨两点钟，攀在"品塔号"桅杆上的水手才真正瞥见了黑沉沉的陆地的影子。哥伦布下令整个船队就地下碇，静候黎明的到来。

新大陆的第一个黎明终于带着更加灿烂的霞光展现在他们的眼前，这些惊讶得目瞪口呆的西班牙水手瞥见了一个四周环绕暗礁、长满热带丛林的小岛。岛民们光裸着身子，鼻子上戴着黄澄澄、亮闪闪的纯金质装饰品。哥伦布不知道眼前是一个未知的新大陆，错误地以为自己已经登上了富饶的印度海岸，他把岛上的居民称作印第安，也就是"印度人"的意思。

"救世主啊"！当水手们从覆满胡髭的嘴唇里，颤声吐出这个词的时候，心情真是激动极了。他们既庆幸没有在浪涛中丧生，又欣喜终于到达了遍地是黄金和珍宝的目的地。哥伦布把这个小岛命名为圣萨尔瓦多，这是一个西班牙词，意思就是"救世主"。

胜利的喜悦鼓舞着他们，他们又扬帆继续向前航行，16天后他们到了古巴岛，在这里他们有生第一次见到了玉米、马铃薯和烟草，也瞧见了熟悉的棉花。接着，他们又发现了另外一个大岛，将其命名为斯班洛拉，意思是"小西班牙"，也就是现在的海地岛。这里虽有很多的黄金，但当他们听说不远处还有另外一个黄金岛时，就更加欣喜得不能自持了。

但是，就在圣诞节的那一天，哥伦布乘坐的"圣玛利亚号"不幸在这里搁浅损坏，"品塔号"得到黄金后悄悄起锚逃回西班牙。1493年1月初，

哥伦布宣布占领圣萨尔瓦多岛，后称瓦特林岛。

哥伦布只好乘坐最小的"尼雅号"返回欧洲，他随身带回一些黄金和几个掳来的印第安人，以此证明已经到达了东方。为了酬谢他的功绩，西班牙女王承认了曾经许过给他的一切特权。

哥伦布的发现震惊了欧洲。接着，他在1493年、1498年和1502年又进行了几次美洲探险，先后到达了加勒比海上的多米尼加、瓜德罗普、波多黎各、牙买加、特里尼达等岛屿，以及中美洲的洪都拉斯、尼加拉瓜、巴拿马，南美洲的委内瑞拉。可是自始至终，他一直不明白这是和印度、中国和日本完全不相干的另一块大陆。

小档案

哥伦布曾经四次到新大陆探险。第一次在1492年，带领3艘船横渡大西洋，发现了巴哈马群岛、古巴、海地等地方。第二次在1493年，率领有17艘船的船队，发现了小安的列斯群岛、牙买加岛等地方。第三次在1498年，率领6艘船，发现了特立尼达岛和南美洲。第四次在1502年，有4艘船，首次与玛雅人相遇。由于船只遇难，哥伦布在牙买加住了一年。1504年返回西班牙，第二年他的财产被政府查封，1506年5月20日死去。

为了夺取奴隶，从第二次航行开始，他便带了大批专门受过训练的猎狗来追捕印第安人，因此激起了曾经一度热情接待过他们的当地人民的反抗。他们摧毁了哥伦布修建在海地岛上的一个堡垒。

但是哥伦布给西班牙带来的实际经济利益并不大。不久，葡萄牙人达·伽马绕过好望角，找到了通往东方的真正的航路。西班牙失望了，骂哥伦布是骗子，1500 年任命了一个新总督，在美洲逮捕了哥伦布和他的两个兄弟，剥夺了他的一切财产和特权，并把他押解回国。后来哥伦布虽然获释，又做了最后一次探险航行，但终因极大的苦闷，在 1506 年死去。

　　哥伦布坚信地球是圆的，并以极大的勇气和毅力，率领着一支装备陈旧的船队，横越茫茫的大西洋，发现了新大陆。他不愧是一位伟大的航海家和地理发现家。但是和过去的记录相比较，严格来讲，他并不是"首先到达"美洲的人，他不过是一个迟到的旅行者而已。还应该指出，在利欲的驱使下，他是怀着一个极其可耻的目的来到这里的。他曾在一封信中写道："即使有一些奴隶会在途中死去，也并不是个个都要死的。"他还提出

哥伦布戴着锁链返回西班牙

用奴隶来支付从国内运送食品的费用。他在信中写道："黄金，这是最美好的东西。谁有了它，想什么就能做到什么，甚至能把人的灵魂引入天堂。"在一篇航海日记中，他这样写道："我将尽一切可能去寻找可以找到黄金和香料的地方……"这些都充分表露出他那作为殖民者的丑恶灵魂。

恩格斯说："洗劫和强抢，这就是在美洲的西班牙冒险家的唯一目的。"我们在肯定哥伦布的伟大功绩的同时，不应该忘记他是一个殖民主义者，也不能割断历史，忘记了许多来自各方的先驱者的功绩。

小档案

哥伦布直到临死，都相信自己发现的新大陆就是向往中的印度。后来出生在佛罗伦萨的另外一个航海家亚美利哥才弄清楚，这不是印度，而是另一个地方。人们就用他的名字来给新大陆命名，叫作亚美利加，简称美洲。

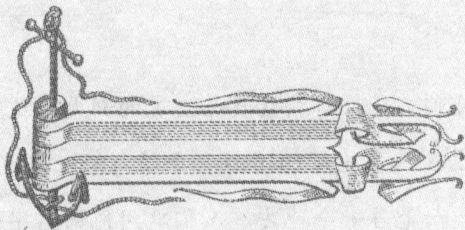

绕道好望角

——环绕非洲航线的故事

我问你，古老的非洲，你到底有没有尽头？

我问你，古老的非洲，你是否真的隔断了东边和西边的大海，两边没法交流？

我问苍天，我问大地。我抚摸着苔痕斑斑的石碑，叩问默默无声的历史。是不是往昔人们都认为陆地紧紧包裹着地中海，而不是海中陆。陆地外面再也没有海洋，没有水路可走？

古埃及法老、古希腊先哲、庙堂的祭师、行吟的诗人，你们能否告诉我陆地和海洋谁包着谁，世界真实的水陆结构？

好奇的人和我一起质问斯芬克斯："你啊，你，金字塔边的狮身人面像。你来自一只神秘之手，天地无所不知，古今无所不晓。你能否告诉我，这个谜底是什么？"

斯芬克斯紧紧闭住嘴，一句话也不说，叫人好迷惑。非洲大陆这个谜，任随人们猜测，历史长期沉默。风沙滚滚，岁月悠悠，叫人好发愁。

不，人们有怀疑，人们在探索，终于发现了好望角。海水四处流通，处处是畅途。不是地中海，而是海中陆。

【一 被遗忘的古"苏伊士"运河】

　　尼罗河，美丽的大河。它的上源一支来自热带丛林环绕的东非湖群，那里是狮子和比狮子更勇敢、长着乌金一样的皮肤、身材高大的尼洛特族人的故乡；另一支从土黄色的埃塞俄比亚高原奔泻而下，那里长满卷发的暗红色皮肤的阿姆哈拉人，在崎岖的山崖和陡壁间奔跑，比闪电一样的羚羊还快。滔滔不绝的流水向北奔去，哺育着长达6500多千米的两岸土地，人们深情地把它们称呼为青尼罗河和白尼罗河。它们汇合以后，便穿过努比亚盆地和上埃及峡谷，一直流到宽阔的下埃及平原。在那里，岸边到处覆盖着棕榈、金合欢、柽柳和枣树的树丛，安静的河湾里长满纸莎草和睡莲，鳄鱼与水獭在河水里浮沉，羚羊和花豹在岸边出没。尼罗河从南向北，笔直流进蓝宝石般的地中海。

　　尼罗河也是富饶的大河。上游的热带林莽中盛产着名贵的红木、黑檀木、花梨木和栲树，高原和山岭间到处闪烁着铜、铁、锰、锡，以及黄金、金刚石的耀眼光芒。静静的河水里浮动着数不清的鱼群，气势磅礴的瀑布群蕴藏着巨大的水力资源。

　　流经之处都是湖泊和浮岛的白尼罗河，把大量的植物淤泥冲带到下游。每年六月，南方的埃提奥庇亚山脉的积雪融化，热带暴雨的侵袭，又使青尼罗河的河水定期上涨，把大量的矿物质冲到下埃及平原，这里的土地由于尼罗河泛滥而变得十分肥沃。

尼罗河的历史是一曲劳动创造人类的赞歌。早在300万年前，人类的祖先便和南方古猿一起踯躅在最上游的一些峡谷和湖滨丛林里。他们用粗糙的石器猎取狮子和大象，在人类进化史上写下了第一页模糊的记录。远在旧石器时代，原始人类便在下埃及平原居住，遗留了许多燧石工具。到了新石器时代，人们开始使用带燧石齿的木柄镰刀来收获播种在泛滥平原上的谷物。经过长期发展，这里逐渐形成了最古老的国家。

尼罗河的泛滥虽然使平原变得很肥沃，但是却缺乏作为建筑材料的岩石和木材，以及冶炼青铜工具的铜矿石等重要生产原料，埃及人只好向四周去寻找。

从埃及通往四周的原料产地，必须穿行一连串风沙弥漫的沙漠和陡峭的山地，交通非常不便。可是走水路却方便得多。

古埃及浮雕遗迹上的划船场景

大约从公元前 3000 年开始，埃及人便乘着帆船和用桨划的桡船，沿着地中海东部的亚洲海岸航行，从西奈半岛运回砂岩、孔雀石和铜矿石；从黎巴嫩和叙利亚运回橄榄油和造船用的杉、松木材。据一块记录远古历史的"帕列尔摩石"上刻写的文字说，当时一次便派出 40 艘货船，满载着称为"阿什"的黎巴嫩松木回到埃及。

同时，他们还沿尼罗河上溯，从努比亚运回黄金和石料，沿红海海岸，从遥远的东非海角上的蓬特国（就是现在的索马里）运回香料、树脂、象牙、宝石和许多名贵的热带木材。据记载，在公元前 24 世纪，公元前 22 世纪至公元前 18 世纪，公元前 16 世纪初和公元前 14 世纪初，埃及人都曾强迫过相当庞大的船队远航蓬特国。

但是，从埃及到蓬特国去的途程十分艰险。船队必须沿着尼罗河上驶 800 多千米，在科普托斯城附近改行陆路，沿着干涸的谷地——汉玛玛特峡谷，从西向东穿越一片约 200 千米的干旱高原和沙漠地带，才能到达红海边的萨乌港，在那里重新上船驶往南方。所以，商队必须随身携带大量的食物、淡水和草鞋，在科普托斯城上岸，驮负着沉重的货物走很长一段陆路，再在红海边重新造船，以便驶往目的地。每一次航行都要经过周密的准备，花费很大的精力和漫长的时间。难怪顺利航行归来以后，往往要在岩石上刻写航行的情况。

能不能找出一条更便利的道路？古埃及人一直在思索这个问题。

起初，他们致力于沿着尼罗河上溯，去寻找通往蓬特国的航路。在尼罗河上航行也很不容易，上埃及峡谷有六道巨大的瀑布和许多急滩挡住了去路。经过许久的努力，他们才在公元前 19 世纪的中叶，在头几个瀑布区的花岗岩峭壁中开凿了一条称为"'哈—卡乌—拉'美丽大道"的运河，把船队引向南方的努比亚的腹地。但是这条路仍然不能通往蓬特国，地中海、尼罗河和红海的航船依旧不能相互往来。

埃及人开始把注意力转移到隔断两个海洋的苏伊士地峡，希望能在那里找到一条新的出路。

在劳动人民的双手里，没有什么奇迹是不可以创造的。

公元前6世纪末，埃及人在尼罗河三角洲的帕托莫司城附近开始挖凿新运河。这条运河沿着低缓的山坡一直向东，穿过峡谷，向南转弯，便可以到达红海北端的阿拉伯湾。

这条运河的水计划从尼罗河引来，宽度足够两艘当时最大的三段桡船并排航行，长度100多千米，比25个世纪后修成的现代苏伊士运河要短一些。运河完工后，航船便能直接从一个海洋驶入另一个海洋，再也不用绕道尼罗河的上游，再经沙漠转运了。

可惜这一伟大的工程由于一个意外的原因而一度夭折，直至几十年后才重新复工，最终修建完毕。

小档案

尼罗河全长6671千米，世界第一长河。流经布隆迪、卢旺达、乌干达、坦桑尼亚、苏丹以及埃塞俄比亚，至埃及流入地中海。

【二 环绕利比亚的航行】

由于帕托莫司城附近的运河中途停工，埃及人不得不重新在地中海和红海边分别造船，组织北方和南方的船队。然而同时建造两个船队是很大的浪费，转运也极为不便，他们被迫考虑新的出路。

一个崭新的宏伟计划正在形成。这就是从红海出发，寻找一条环绕整个利比亚（古代非洲大陆的名称），从北方的地中海返回埃及的新航线。

这是一个勇敢的、充满幻想的新尝试。在那时，拟定出这个计划是很不容易的，决心完成它更需要百倍的勇气。因为，当时居住在地中海沿岸的人们都错误地认为整个世界的特点和地中海地区一样，每一个海洋都被陆地紧紧包围着，几乎无路可通。

其次，人们也对前方的情况毫无所知，既不了解全程的距离，也无法预测即将遇到的困难，只能凭借简陋的装备去克服酷热、缺粮和热带风暴等障碍。那么他们是怎样冲破落后的传统观念，产生这一科学的设想呢？这必须从另一个民族的海上航行说起。

在地中海东岸，披满杉松的黎巴嫩山脉和湛蓝的大海之间有一小片狭长的平原，这里便是腓尼基人的富饶故乡，一块古埃及石刻铭文里描述着那里的丰产景象："果木园里果实累累，葡萄酒像水一样在酒场里淌流，梯田上的粮食比沙粒还多。"

腓尼基人既是勤劳的农民、聪明的手工艺者，又是最富有经验的海员。"腓尼基"这个名称，便是"造船者"的意思。腓尼基人的船是当时最好的海船，船头往往雕刻着一个高高昂起的鸟头，船尾竖着一条鱼尾巴。他们就是驾驶着这种半鱼半鸟的航船乘风破浪，在大海上航行。早在公元前2500年，这些沉重的平底船便扬着布帆驶入大海，到达了塞浦路斯岛，他们还依靠太阳和"腓尼基人的星"——北极星的位置，根据熟悉的海岸地形地貌，来辨别航行的方向，出没在岛屿密布的爱琴海和整个东地中海上。

由于腓尼基地处埃及、美索不达米亚、小亚细亚和希腊等许多古国商路的交通枢纽，所以商业十分发达。他们除了建立了许多商业城市，还大力发展海上贸易。

他们一方面穿过狭窄的达达尼尔海峡和博斯普鲁斯海峡，进入封闭的黑海；另一方面朝着西方，不断探索着欧洲和北非的海岸。他们先后到达了马耳他岛、西西里岛、撒丁岛、巴利阿里群岛、伊比利亚半岛和北非的许多地方，并建立起一些新的海港城市。其中最著名的是在北非，被称为腓尼基新城的迦太基和金格尔，以及在伊比利亚半岛南部的加的斯等地。

他们终于驶到了地中海的尽头，在通往更加广阔无垠的大西洋的出口处（就是现在的直布罗陀所在处），修建了一座纪念传说中的大力英雄赫拉克勒斯的宏伟神殿，竖立了一根在阳光下可以闪闪发光的巨大黄金柱和一根在夜间也能发光的绿柱石柱，作为日夜导航的标志。

大西洋的风浪比地中海更大，向前航行更加渺无方向，但是腓尼基人并没有因此停下探索新世界的脚步，他们沿着欧洲向北拐，进入了伊比利亚半岛的最大河流，特茹河口的三角港地区，在后来的葡萄牙首都里斯本

附近，修建了一个新的居留地。

所以事实不是像殖民主义者别有用心地宣称的那样，是什么"葡萄牙人首先发现了通往东方的航路"，而是勇敢的古代亚洲海员在当时还是一片荒芜的葡萄牙和西班牙海岸上，首先建立了第一批海港。

腓尼基人继续向北航行，到达了产锡的不列颠群岛和出产琥珀的波罗的海沿岸。同时，他们又从赫拉克勒斯之柱往南，到达了西非的一些地方，非洲的居民比当时还没有开化的西欧人有更高的文明。从迦太基港来的腓尼基海员把货物整齐地陈列在海滩上，然后点起火堆，退回船上，用滚滚的浓烟通知非洲人前来选购他们所喜爱的物品。选定之后，放下交易物，然后退到远处。腓尼基人再上前检查交易是否合适。如果满意，便收下交易物件启航离开；如果不满意，再回到船上等候非洲人上来增添款项。直到双方满意，才各自取走所换物品。

腓尼基人的航行实践，打破了那种认为世界是由连绵不绝的大陆紧紧包围着地中海的陈腐观念，传述了许多远方的见闻。埃及人在运河停工以后，便要求腓尼基海员帮助寻找出一条环绕利比亚大陆、沟通红海和地中海的新航线。

远征队很快就组织起来了，他们选择了最有经验的海员和最好的船只，扬着崭新的布帆，慢慢驶出了红海岸边的一个埃及港口。在成千上万的群众的欢呼声中，开始了漫长的征途。

这真是一个极其漫长又十分艰险的航程啊！为了防止发生意外，他们谨慎地紧贴着海岸航行，避免驶入远海。单调的红黄色崖壁在热带阳光的映照下，就像燃烧的火焰一样。甚至在蓝绿色的海水下面，有时也显现出赭红的泥土。有时，来自大陆沙漠的狂风卷带着红黄色的尘雾弥漫在海面上。在浓密的尘埃中，太阳变成一个巨大的深红色圆球，海面上的一切全都显现为红殷殷的，仿佛整个大海都被染红了似的。本来就十分闷热的天气，变得更加难以忍耐了。

值得庆幸的是，这里还是熟悉的航线，不用担心隐伏的岸礁或驶错了方向。过了蓬特国之后，船队便进入了从未到过的陌生海域。近岸的海水还是那样碧绿，可是海滨景色已经发生了变化。岸上时而是覆盖椰子和棕榈树丛的低平海滩，时而又是岗峦起伏的山地。有时还可以眺见成群的猿猴在枝头跳跃，斑马和长颈鹿在草地上快步飞奔。他们必须一面仔细察看水下的暗礁，一面谨慎分析前方的情况，这比在红海的熟悉航线上行驶要缓慢得多。

海风吹带着船儿向南越驶越远，连绵不绝的陆地仍像一道绿色的长墙一样矗立在船的右边。淡水可以从滨海的溪流里得到补充，可是带来的粮食快要吃完了，远征队遇着了一个新的、从未估计到的困难。

继续前进，还是后退？腓尼基海员选择了前进的道路，他们决心要绕过整个利比亚大陆，从地中海登陆返回家乡，用百倍的毅力来完成这空前的海上探险。

于是，他们用自力更生的办法来解决缺粮的困难。船靠了岸，他们在陆地上播下谷种，耐心地耕耘，直到收割了庄稼，补足了粮食，才继续向前航行。

依靠顽强的毅力和熟练的航行技术，他们终于到达了大陆的最南端。在那里，陆地逐渐升高，形成了巍峨的高原。船的一边是石墙一样的山崖，一边是起伏澎湃的大海，显现出一派粗犷的景色。突然，无休无止地延伸的崖壁终止了，在最南端的岬角上，耸立出一座桌状的平顶山。大海在山脚下咆哮着，海水迅疾向东涌去。这里的风特别大，仿佛世界上所有的风都集中到这个风口里来了，把海面搅得动荡不宁。绿玻璃般的波浪像一座座小山一样向平底船压过来，他们紧挨着岸边，好不容易才战胜了风暴和逆流的袭击，驶入了岬角以西的另一个大洋。

现在，腓尼基人开始沿着海岸向北行驶了。他们很快就发现了一个有趣的现象：起初，太阳在船的左舷升起；可是，当绕过海角北行的时候，太阳便从右舷升起了。这一现象虽然在当时还不能被人们正确解释，作为一个谜在历史中遗留下来，但却充分证明他们已经穿过了赤道，进入南半球，并且绕过非洲的极南端，重新返回北半球。因为从北向南航行，太阳升起在左侧的东方；绕过大陆向北返航，由于船位的变化，东方的太阳也就出现在右舷了。

腓尼基人的航行

终于，闪闪发光的赫拉克勒斯之柱和在其背后的刀削似的石壁已经遥遥在望了。可是，这一次不是沿着传统的航线返航的，而是首次从南方的大洋返回地中海故乡。

金格尔、加的斯、迦太基……一个又一个熟悉的城市身影从船舷边闪过，这最后一段航程似乎行驶得特别快，盼望已久的目的地终于到达了。这次不平常的长途航行花费了整整三年时间。为了欢迎这些首次环绕非洲大陆，发现连接红海和地中海新航路的腓尼基人，尼罗河畔张灯结彩。

腓尼基人的这次航行是个十分重大的地理发现，它宣告了"大陆环绕海洋"观念的彻底破产，为人们打开了通向更远海域的大门。

但是，这条航线毕竟太长，对急于沟通地中海和红海航路的埃及人来说，付出三年的代价绕行一周，而且还不考虑意外的损失或耽搁，未免太不合算。同时，古代的平底船经不住风浪的袭击，只能小心翼翼地紧挨着海岸航行，不能驶入广阔的大洋，更谈不上对更远海域的探索。所以，无论社会生产力，还是航海技术水平，都不允许埃及人使用这条新航线。

埃及人的计划暂时搁浅了。

小档案

腓尼基人是古代地中海上的一个著名的航海民族，原本居住在西亚，今天的黎巴嫩地域。3000多年前在今天北非的突尼斯海边，建立了迦太基城邦，曾经跨海和罗马帝国争夺霸权，最后被罗马军团焚毁。今天在突尼斯市郊，还保存着迦太基的遗址。

三 汉诺和别的航行

环绕非洲的航线尽管在当时没有被采纳，但是却给予人们新的启发。在赫拉克勒斯之柱以外的非洲，还有无限广阔的土地等待着人们去探索，因此亟须一条通向神秘南方的新航线。

跟随着古腓尼基海员的船迹，一次又一次的新航行记录出现在历史上。通过一艘艘航船破浪前进，南方航线在艰难的航行中维持着。

一个多世纪以后，大约在公元前470年的一天，地中海海滨的加的斯港人山人海，人们在热烈地欢送一支新的船队出发去远航。这支船队一共有60艘大船，3万名左右的乘客。率领他们的是著名的迦太基航海家汉诺。这支船队准备去西非海岸探索，并在那里建立新的海港城市。像这样规模盛大的航行，在航海史上还是空前的。

在热烈的欢送声和乐声中，航船一艘接着一艘慢慢驶出了港口，每艘船的两边都伸出50支大木桨。桨片有规律地划动，拍打着蓝色的海水，像一队大雁扇动着羽翼。船队直向赫拉克勒斯之柱驶去，逐渐消失在远方的地平线上。

靠着上一次环绕非洲航行经验的帮助，他们很快就到达了现在的佛得角以南的热带地区，并在非洲的西北部海岸建立了六个新的城市。

同一世纪里，一个叙利亚人也绕行了非洲大陆。还有人从西班牙半岛远航到埃塞俄比亚去从事贸易，另一些人则从加的斯港驶入了印度洋。这些人不仅从西到东，也从东到西绕道了非洲极南端的海角。

胜利鼓舞着人们继续前进，但是也有不少船只在远航中沉没。

公元前 1 世纪中叶，有人在阿拉伯海湾捞起了一块沉船的碎片。令他们十分惊异的是，这艘沉船居然来自远在西欧的伊比利安半岛。该船行驶了上万千米以后，不幸沉没在那里。

除了有计划的航行外，有些船只是随着风浪偶然漂过非洲南方海角的。

在发现阿拉伯湾沉船的同时，在遥远的欧洲日耳曼海岸边，突然漂来了一艘古怪的货船，船上的海员用布缠头，说着陌生的语言。人们借助于手势和许多别的办法，最后才弄清他们原来来自印度，由于风暴在海上迷失了方向，随风浪才来到了这里。

这些传奇式的航行记录还不止一件。但是由于酷热的气候，遥远的路程，无情的热带风暴，险恶的水下暗礁，加之缺粮和疾病的困扰，绕行非洲南方海角的航线，无论从时间还是经济效益上讲都很不合算，所以这条航线在当时还无法开辟成经常性的商路。

小档案

佛得角在今天的塞内加尔共和国境内，是非洲大陆最西端的海角，附近有佛得角群岛。

【（四）加季拉船头木的启示】

公元前 100 年左右的一天，一些守卫在阿拉伯湾的埃及士兵发现远方的海面上出现了一个黑点，这立刻引起了他们的注意。由于相距太远，一时还无法辨认那个黑点究竟是什么。若是航船，它没有按照正常的航线行驶；若是漂木，似乎又大得多。直到它漂近，人们才看清它的外形，原来这是一艘随波逐流的破船，风暴摧毁了它的帆樯，海浪冲毁了它的舷板，只剩下残骸在海浪里半沉半浮。

破船上有一个垂死的人，只见他那焦黄的面孔上长满了胡髭，一双黑黝黝的大眼睛半睁半闭。

埃及人连忙把他扶上岸，将食物和淡水送到他的唇边，他渐渐恢复了知觉。可是，当人们紧紧围绕着他，表示关怀和探问时，他却只是指指东方的海面，又指指自己，喃喃地吐出几句谁也听不懂的话。

陌生人无法回乡，只有在埃及住了下来。时间一天天过去，他慢慢学会了当地的语言。于是，他开始叙述自己的经历。原来，他

小档案

阿拉伯海是印度洋北部的一个海区，坐落在阿拉伯半岛和印度半岛之间，面积 386 万平方千米，平均深度 2734 米。

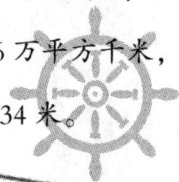

来自大海对面的印度，船被风暴吹离了航线，同伴们都先后死去，只剩下他奄奄一息地漂流到这里。

为了酬谢搭救了他性命的埃及朋友，他表示，如果他们想去印度访问，他愿为之做向导。

埃及船只

埃及人非常高兴，选派了旅居这里并通晓海上航行的土耳其人攸多克萨斯，率领一艘满载了商品和礼物的船，去执行这项任务。

依靠攸多克萨斯的技术和那个印度海员的引航，这艘船很快就驶到了印度西海岸，他们在那里受到了热烈的欢迎，又满载着友谊返回了埃及。此后，攸多克萨斯又去访问了一次印度，但是在回航途中，不幸遇到热带风暴的袭击，漂到了埃塞俄比亚以南的一个地方。

在那里，攸多克萨斯受到当地人民的款待，他取出许多从印度带来的酒和干枣送给好客的主人，当地人则给他装满了饮用的清水，并且派人引导这艘船平安返回了埃及。

出于海员的癖好，攸多克萨斯在当地逗留期间，收集到一块形状奇特的船头木，上面精致地雕刻了一匹骏马，象征着这艘沉船当年乘风破浪的情景。

攸多克萨斯虽然在海上生活了许多年，但是还从未见过这样形象生动的船头木。为了弄明白这块船头木属于什么民族，攸多克萨斯回到埃及后，便到各港口去拜访来自四面八方的各国水手。很快就有人认出这是加季拉人的船头木，甚至还有人清楚地记得它是哪条船上的。据说加季拉人常常驾驶着这种船沿北非的马乌鲁集亚海岸航行。有一次，许多条船从北非的利克斯驶出远航，此后渺无音讯，这块船头木便是失踪的一条船上的。

加季拉的船头木，失踪的船队，东非海岸边的沉船。攸多克萨斯凝视着骏马的雕像，敏捷的思想就像展开了翅膀一样。他想："如果不是绕过非洲大陆，这匹水上的骏马怎么能奔驰到埃塞俄比亚附近去呢？"

攸多克萨斯还不知道早在 500 年前，人们就发现了这条航线。加季拉船头木的启示，使他决定去探寻这艘沉船的航迹。

为了做好充分准备，他访问了许多地方，直至加季拉，尽可能多地收集沿途的所有情况。最后他建造了一艘大船和两只小艇，带着医生、乐师和各种工匠，甚至还有儿童，从加季拉港出发，向开阔的大洋驶去。

频频的海风吹送着他们，起初一切都很顺利。但是不久便遇着了麻烦，船在海滩上搁了浅，受了损坏不能继续前进。他们只好被迫就地登陆。

挫折并没有使他们丧失信心。攸多克萨斯早就考虑到可能遭遇的各种困难，所以准备了修船的工匠和原材料。他们很快就用船上装载的木材赶造了另一艘更加坚固的船，它的航行能力与当时最优良的带 50 支木桨的桡船不相上下。

依靠坚韧的毅力和精湛的航行技巧，他们终于绕过了南方海角折向北行，到达了埃塞俄比亚附近——攸多克萨斯最初得到加季拉船头木的地方。

在返回故乡的航程中，他们还发现了一个有淡水和木材供应的小岛，更进一步探明了这条航线的情况。

热爱海洋事业的心使攸多克萨斯不能在故乡久住，他很快又来到加季拉，装备了一艘带50支桨的远航桡船和一艘用来探察海岸的圆底木船。他还带上了农具和种子，邀请了更多的有丰富经验的造船工人一起出发，决心再一次环绕非洲，把这条航线勘察得更清楚。他们准备万一遇到困难，就在已经熟悉了的那个海岛上过冬，在当地种植，等到收割了庄稼再继续前进。

通过古代亚非人民的反复勘察，环绕非洲的航线已经越来越清楚了。带帆或是使用桡片的商船，一艘又一艘地在多风暴的非洲南方海角来往穿行。在目前所知的航行记录中，直至公元1420年左右，还有阿拉伯的商船从东到西驶入大西洋，甚至在爪哇的海图上，也绘有这个早已为人所知的非洲海角，沿途好客的黑人更是接待了许多远方的朋友。

小档案

红海坐落在阿拉伯半岛和非洲大陆之间，面积43.8万平方千米，平均水深490米。由于海水中多红色藻类，加上两边沙漠里吹刮起的红黄色沙尘，所以就有了红海之名。

〔五 风暴角——好望角〕

在腓尼基人第一次环绕非洲之后两千年，葡萄牙阴暗的中世纪城堡里开始酝酿一次罪恶的航行，这就是寻找一条绕过非洲到达东方，掠夺财富的航路。

但是南方的海洋在他们的脑海里却是一片可怕的空白，他们甚至十分荒谬地认为，南方由于过度炎热，不可能有生命存在。知识的贫乏和心理上的恐怖交相混织在一起，从而使他们把眼前的大洋称为"昏暗的海"。在他们的心目中，辽阔的大西洋充满了种种神秘的未知因素，也潜伏着难以胜数的致命危机，如果不是神话般的东方财富引诱着他们，他们根本就不敢往前迈出一步。

从 15 世纪初叶开始，葡萄牙的三桅帆船小心翼翼地沿着西非海岸逐渐向前推进，慢慢开始明白"昏暗的海"以外的天地究竟是什么样子。

原来，热带的海洋并不会由于温度太高而沸腾起来，那儿的海岸也不是比撒哈拉沙漠更贫瘠的不毛之地。相反，那里到处披覆着浓郁的树丛，枝头上悬垂着从未见过的花朵和果实，大象和犀牛在林莽间出没，乌黑皮肤的土著居民在海滩上，用好奇的眼光打量着海上来的陌生人。

葡萄牙人真是大喜过望，感到一切如意、前途似锦。1454 年，他们便在统治基督徒世界的罗马教皇那里，取得了从西非向南直到印度的一切所发现的土地的所有权。这些从欧洲乘着三桅帆船来的陌生人是不折不扣的强盗，他们的作风和以往的腓尼基人完全不同，他们和当地的黑人不搞公平合理的交易，而是经常用镜子、小刀，或是别的一些不值钱的小物件，去骗取金砂、象牙和香料。有时候，他们干脆就动手抢劫。掠夺的事件越来越多，这些不速之客也越来越粗暴，他们甚至连当地人也抢。这些人也和西班牙人在美洲干的勾当一样，专门训练了一批猎狗来捕捉躲藏在树丛中的黑人。他们在所经之处，树立起刻有铭文的碑柱，宣布对此地的永久性占领。于是，在里斯本出版的地图上就出现了一处又一处的可耻名称："黄金海岸""象牙海岸""胡椒海岸""奴隶海岸"……

他们耗费了整整七八十年的时光，才缓慢地推进到南回归线附近，这里距富饶的东方还十分遥远。

1487 年，葡萄牙国王选派了迪亚士率领一艘帆船继续前进。他们驶过了葡萄牙殖民者在非洲土地上竖立的最后一根石柱，映入眼帘的又

桌山

是古代腓尼基海员曾经为之目眩的景色。南非高原的陡峭崖壁像石墙一样压立在舷边，风越来越大，海浪越来越汹涌，葡萄牙人惊恐地握紧舵轮和帆绳，深恐帆船会被海浪冲向陡崖，然后像核桃壳似的被撞得粉碎。

帆船顺着沿岸的一股迅疾的海流，渐渐驶到了大陆的尽头。抬头一看，那儿耸立着一座平顶的桌状高山，背负着险峻的高原，面对着汹涌的大海，显得格外雄伟。

可是，现在葡萄牙人没有心思欣赏大自然的风光。刺耳的风声呼啸着掠过海面，催赶着波涛从西往东狂奔而去，三桅帆船东倒西歪，谁也不知道将会发生什么意外的事情。

这是非洲南方海角特有的风暴。由于地球自转，这里盛行着终年不息的西风，在大陆突然中断没有任何屏障的海面上，它像一匹奔腾不羁的野马，尽情地朝向东方驰去。在西风的扇动下，水面翻滚着暗蓝色的巨浪，一道又一道的波峰迅疾地掠过去，形成了一条特别凶猛的海流。自古以来，所有驶过这里的船只，都要无一例外地经受这种奇特风浪的考验。

虽然迪亚士的神情还很镇定，但是大多数海员都吓得面如土色。好不容易绕过海角、又向北行了一小段路，这时疲惫不堪而又丧失信心的水手们便鼓噪起来，拒绝继续前进。迪亚士没有办法，只好下令拨转船头，灰溜溜地返回里斯本，向国王报告了航行的经过，并心有余悸地把那个"新发现"的南方海角称作"风暴角"。可是，贪心的国王不同意这个名称，把它改为"好望角"，认为这是一个好兆头，只要绕过这个非洲极南端的海角，便有希望发现通往印度的道路。

令殖民主义者没想到的是，他们首次发现的新航线，其实早已被古代的亚非海员航行过多次。在历史的真相面前，殖民主义者显得是何等的无知和可笑啊！

小档案

桌山位于好望角附近，因山顶平坦，好像一个巨大的桌子而得名，是绕道好望角航行的标志。

驶向富饶的东方

——印度洋航线的故事

印度洋，热带阳光下的大洋，通往富饶的东方。

印度洋，连接亚洲和非洲，东方和西方的大洋。

印度洋，谁曾首先闯进你宽广的胸膛，冲涛破浪，叩响蓝色的心房？让我们扳着手指细细回想。

印度洋，你曾耳闻《天方夜谭》的神话，聆听过阿拉伯水手欢声歌唱。

印度洋，你曾目睹郑和船队如林帆樯，锦绣旗帜高高飘扬，证实中国人曾经几度下西洋。友好的使者情谊传播四方，"海上丝路"多么悠长。

印度洋，你从来都是和平的水域，何曾沾染过肮脏的血污，传出隆隆炮响？

有人说，是他们首先穿过你，是他们开辟了"东方航线"，是他们给印度和东方带来文明的曙光。

印度洋啊，印度洋，你可以作证，这是真的，还是说谎？天理昭昭，大海茫茫，难道世间没有公理讲？

不，是他们用皮鞭抽打非洲，用诡计欺骗阿拉伯，用大炮轰开印度的大门。反倒歪曲历史，自命高贵，妄称文明，把牛皮吹得震天响，灵魂多么肮脏。

【一 温暖的大洋】

　　印度洋是南方的暖水海洋，它的大部分水域都在南北回归线之间，整年都有充足的阳光照射，表面温度可以达到 29℃以上。

　　印度洋也是色彩丰富的海洋。在热带阳光的映照下，海水显得碧蓝碧蓝的，整个大洋仿佛就是一块巨大的蓝宝石，配上雪白的浪花真是明净爽目，令人心旷神怡。然而在浅水岸滨，它又是绿茵茵的像是透明的绿玻璃，蒙罩着海底的软泥和珊瑚砂。透过清澈海水，可以瞥见水下 50 米深处的奇景异色。在褐绿色的海藻间耸立着一枝枝一丛丛鲜红、雪白和微带黄色的珊瑚，水底散弃着五光十色的贝壳。在有的岸滨，沙砾间偶尔还闪现出美丽的宝石。甚至在夜间，还时不时地出现一片片发亮的海水，那不是月亮在荡漾的海面撒下的银光，而是热

小档案

　　印度洋面积 7056 万平方千米，平均水深 3872 米，最深达 9074 米。和太平洋、大西洋相比，它主要坐落在南半球，边缘海最小，岛屿最少。南部开阔，北部有红海、阿拉伯海、波斯湾、孟加拉湾等边缘海和海湾。

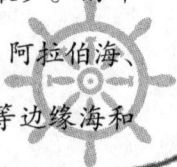

带海洋上所特有的浮游生物散发出的荧光。大海的闪光和镶嵌在夜空里的明星互相辉映，使海上的夜景显得更加美丽。

印度洋还是生命的乐园，飘浮着热带积云的天空，像是一个巨大的穹幕笼罩着辽阔的大海。白色的海鸥和信天翁在空中盘旋，巨大的抹香鲸和鲨鱼在波浪里出没，一群群飞鱼像鸟儿似的互相追逐着在水波上掠过。月夜，光裸着脊背的儒艮从水波里探出身子，使人误认为是海底仙女向来往的水手呼唤。在岸边，椰子蟹悄悄攀上了在海风里摇曳不定的椰子树，鳄鱼泡在水里酣睡，巨大的海龟在晒得发烫的沙滩上蹒跚爬行。水下，海蛇在水草丛间静静地游动，珍珠贝悄悄开合着自己的壳片，鲜艳的水母梦幻似的悠闲地漂浮，五彩缤纷的热带鱼像彩蝶一样在珊瑚丛里来回穿梭，还有一群群各种各样的鱼儿在水下遨游，海洋到处都充满了欢快的生命气息。

1403 年《曼德维尔游记》手稿副本中的插图，船员使用指南针辨认方向。

可是在遥远的古代，印度洋却是阻碍东西方交通的一片难以逾越的水域。展开地图可以看到，它的北部轮廓酷似一头双峰骆驼的背脊。阿拉伯海和孟加拉湾像是一对丰满的"驼峰"，上面驮负着极其沉重的亚非大陆。索马里、阿拉伯、波斯和印度西部沙漠的风沙，紧贴着它的背脊尖声呼啸，一列列土黄色的沙丘一直伸展到海边，这头风尘仆仆的"骆驼"，好像正迈着沉重的步子，在漫漫的沙漠中跋涉似的。

其实，紧挨着它的"驼峰"的确有一条尘土飞扬的大道，这就是毛毵毵的骆驼和草原骏马所践踏出来的古代商路。它的一头通向遥远的中国和印度，另一端连接着波斯、美索不达米亚以及别的古国。但是路上有崎岖的山地和茫茫的沙漠阻隔，来往很不方便。

于是，人们开始考虑从海上开辟一条更直接便利的道路。

小档案

马达加斯加岛位于印度洋南部，是印度洋最大的岛屿，也是非洲最大的岛屿，面积 58.7 万平方千米，隔着一个海峡，和非洲大陆的莫桑比克相望。现为马达加斯加共和国，首都塔那那利佛。

【二 印度洋季风的秘密】

披着白色头巾、身穿长袍的阿拉伯人，是有名的草原骑手和沙漠的主人。当他们跨着骏马纵情驰骋的时候，其速度就是草原上的风也望尘莫及。乘坐着毛茸茸的骆驼穿越一个又一个大沙漠的时候，耸立的岩石也比不上他们的意志坚定。可是人们是否知道，他们也是最勇敢的海员，汹涌的波涛对他们来说，犹如沙漠的风暴所扬起的灰尘一样微不足道。

阿拉伯人早就渴求摆脱沙漠的阻碍，寻觅通往四面八方的水上通道。因此在 3000 多年以前，他们顺着红海航行到了东非，还曾在波斯湾上航行过。可是他们并不满足于只在这样一些半封闭的内海上航行。他们热切

遗迹上的航行场景

盼望能行驶到更广阔的外海上去。

愿望是依靠努力来实现的。世世代代在海上生活的结果，使他们逐渐发现了印度洋的秘密。

他们发现，每年的 11 月到第二年的 3 月，风总是从东北方的大陆吹来，拂动着海水向西南流去。这时的海上总是晴空万里，积云和雨水都很少。4 月至 11 月则恰恰相反，西南风出现，驱赶着云涛和海流不断驰向东北方，海上的雷雨也比较多。

横渡印度洋的办法找到了！说起来道理很简单，只消掌握住风向和海流的变化规律，就能定期扬帆到远方去贸易，并能按时顺风返回故乡。夏、秋两季，可以利用西南风直航印度；冬、春两季，再顺着东北风返回阿拉伯半岛和非洲。

依靠季风的帮助，他们十分顺利地建立起了和非洲还有印度的联系。接着，印度和波斯的船只也出现在这条航线上。由于这种按季节而变化的定向风帮了商船队的大忙，人们就把它称作贸易风。

欧洲一些古国的船只后来也到了这里。公元前 4 世纪初，马其顿的舰队曾在海边出现，但是却不能在洋面远航。公元 1 世纪中叶，罗马水手希帕努斯随船到达这儿，把这一利用季风航行的秘密传到欧洲。于是希腊、罗马的商船也蜂拥而至。从此以后，印度洋上的贸易越来越频繁。

那时，每逢出海季节，一些主要的贸易港口便像过节一样被装饰一新，以此来欢送远航的商船队。例如，每年夏至左右，就有上百艘罗马商船从红海边的一个埃及港口出发，驶往印度西海岸和斯里兰卡，并通过那里和中国进行转口贸易。阿拉伯人也在新年以后，驶出数以百计的商船，运载着枣子、干鱼和布匹，顺着东北季风到东非去。夏季时也派出同样庞大的船队，利用西南季风驶往印度。这时在海上出现了极其壮观的船舶队伍，一艘艘扬着不同式样和色彩帆片的船只，互相并着船舷首尾相接，在欢快的乐曲声中，朝着一个方向破浪前进，真是热闹极了。

公元 1 世纪，有一个希腊人总结当时各国海员的航行经验，编写了《厄立特里亚海航行指南》。厄立特里亚海就是指包括红海和波斯湾等在内的整个印度洋。书内详细介绍了各地的物产、港口情况和航行里程，甚至还有关于中国的记述。

从公元 7 世纪开始，阿拉伯人渡海移居东非的越来越多。公元 8 世纪中叶，阿拉伯人从现在的坦桑尼亚一带继续向南航行，到达了科摩罗群岛。公元 9 世纪到达了马达加斯加岛和莫桑比克的法索拉港，在那里建立了最南面的贸易点。因为季风的影响只到这里为止，再往南去，便进入了信风带，整年只刮东北风，海流也很湍急，帆船一旦行驶得太远，就很难返回北方的故乡了。

小档案

科摩罗群岛在印度洋西南部，由大科摩罗岛、昂儒昂岛等 4 个火山岛组成，面积 2236 平方千米。香料产量世界第一，有香料群岛之称。现为科摩罗伊斯兰联邦共和国，首都莫罗尼。

公元 10 世纪，有一个名叫哈桑·阿里的波斯人，也率领大批移民到达东非的基尔瓦、蒙巴萨和奔巴岛等地，建立了城市，有人把这一带的东非海岸统称为桑给巴尔。"桑给"是波斯语，就是"黑人"的意思，"桑给巴尔"就是"黑人国"。外来的阿拉伯人、波斯人、印度人和当地的黑人在这里共同建立起一个各民族和睦相处的国家。

在东印度洋的孟加拉湾上，印度人和马来人也利用同样的季风互相往来。印度人曾在公元前航行到苏门答腊的爪哇，随后又穿过马六甲海峡，向东一直航行到中国。

印度洋上的季风就是这样帮助了人们，在海上铺平了一条连接东西方的"丝绸之路"。

小档案

毛里求斯群岛在印度洋西南部，由毛里求斯岛、罗德里格斯岛等火山岛组成。现为毛里求斯共和国，首都为路易港。

三 《山海经》和"海上丝路"

不知从何时开始，我国便流传了许多关于远方异国的传说。

只以南方来说吧，《山海经·海外南经》和《山海经·大荒南经》里就曾经提到，南方海外的讙头国，人们长着鸟嘴壳，有翅膀，像鸟儿一样，张开翅膀在海上捕鱼；长臂国的人也是海上捕鱼的能手；羽民国以东有一个地方，那里的人面孔瘦小，总是光着背脊；厌火国的人，皮肤黝黑，个子矮小，动作像猕猴

一样敏捷，似乎还不会用火；裸国的人全身赤裸，一年四季不穿衣服；载国的人皮肤焦黄，会使用弓箭射猎大蟒蛇；不死国也是黑人，那里终年生长着常青树，到处泉水潺潺，人们吃的是一种带甜味的树木，寿命都很长；还有一种小人，个子很小，叫作菌人；南海一个沙岛上有一个神灵，耳朵上穿着两条青蛇，脚踩着两条赤蛇，神秘兮兮的。

那时候，方向的概念十分混乱，西方可能是正西，也可能是西南。郑

和出南海，不就说是下西洋吗？《山海经·海外西经》里记述西方有一个一臂国，那儿的人只有一只手臂、一个眼睛和一个鼻孔，有一种黄马，身上布满一条条黑色的花纹。奇肱国的人，长着一只手、三只眼睛，常常骑一种花斑马。他们非常聪明，会捕捉各种飞鸟。长股国的人腿很长，能站在很深的海水里捕鱼。女子国的妇女是主要的劳动力，喜欢把房屋修筑在水中央。

这些有趣的传说，初看起来仿佛都是充满了幻想色彩的荒诞神话，但是仔细加以分析，便会觉得其中的一些国度和印度洋上的许多地方多么相似。这里有那样多的黑人和焦黄皮肤的人种，这里的地理环境常常和大海紧密相连，这里的人们生活在海边，会捕鱼，有蛇，还有稀罕的斑马。这岂不是印度洋和非洲许多地方活生生的写照吗？

想象往往以现实为基础，传说也许有一部分是真实的。其中有一些就很可能是我国古代劳动人民在海上的见闻实录，也不排除是在航行中从其他民族那里听来的情况。总之，它们是无数海上先驱者的知识结晶。

事实上，当阿拉伯人、印度人和波斯人在西印度洋上航行的时候，中国人便已沿着南海向东印度洋进军了。大约在公元前10世纪的西周初年，已和越南有了联系。公元前3世纪的战国末年，南方航线已延展到马来半岛一带，抵达了印度洋的大门。

公元前138年，汉代的张骞第一次出使西域的时候，在大夏国看见中国蜀郡出产的布和筇竹杖，感到很奇怪。经过打听才知道是从印度转运来的。从蜀郡到印度有一条陆路，还有一条经过番禺（现在的广州）从海上航行的水路，这条海上商路已不知建立有多少岁月了。

经海上到西方各国比走陆路更为方便。不久汉武帝就派出使者，携带丝绸和黄金去西域各国做友好访问。根据《汉书·地理志》的记载，中国商船从北部湾的合浦、徐闻、日商、障塞等港口出发，航行5个月，到达了南方海外的都元国（现在的苏门答腊岛的北部）；再沿马来半岛西海岸北上，航行4个月，到达邑卢没国；又航行20多天，到达谌离国；步行10多天，到达夫甘都卢国，后面的三个国家都在现在的缅甸境内。从那里沿着海岸往南航行两个多月，最终到达印度东南部，今天的马德拉斯附近的黄支国和斯里兰卡的已程不国，从那里再把交换来的珍珠和宝石带回来。

从那以后，海上的航运越来越繁忙。人们在南海和东印度洋上也学会了利用季风航行。冬季和春季盛行东北风的时候，便从中国出海航行到印度和南洋各地；夏、秋两季再乘着西南风回来。随着造船和航海技术的发展，人们逐渐绕过印度半岛，进入通往非洲和阿拉伯的西印度洋。

中国的海船船体较大，适于远洋航行。汉代有多层楼船。东晋末年，我国著名的旅行家法显从印度回国时，所乘坐的中国商船可以载运200多人。到了唐代，大的海船长20丈，已能乘六七百人。由于船身较大，抗风浪的能力强，所以能够在多风暴的热带大海上通行无阻。这时，中国的商船队已经可以直接航行到波斯湾口的西拉甫港，带来的货物在这儿换船经过红海转运到埃及，或者用小船沿幼发拉底河运到巴格达城。

进入宋代，据当时的摩洛哥旅行家伊本·白图泰说，中国海船已经可以装载一千多人了，这

小档案

中国人很早就航行在南海上，发现了潮汐涨落的规律，把南海和爪哇海一大片海域称为涨海。

在世界上是无与伦比的。那时，可以指示 24 个方位的指南针也应用在航行中，同时还有记录了沿途的港口、里程和暗礁等的航行图，这些都大大便利了海上航行，因此从中国到阿拉伯的顺风航行只需 3 个月左右的时间。到了元代，往来于东印度洋上的海船，就几乎都是中国船了。

　　由于海上贸易一天比一天发达，宋代开始设立专门管理通商的机构"市舶司"，建立供外国商人居住的"藩坊"。当时的广州、杭州、明州（浙江宁波）、泉州、密州（山东胶县）和沿海的许多地方经常有外国商船往来。许多著名的中外旅行家，例如 13 世纪的马可·波罗和汪大渊等都曾互访过，并留下了许多珍贵的记录。

《清明上河图》中的船只

【四】 传播友谊种子的郑和船队

古代最伟大的航海家是谁？

是郑和。

为什么这样说？

因为他率领的船队最大。最多的一次有 62 艘船，载运了 27800 人，是史无前例的一次最宏伟的远洋航行。最少的一次也有 26800 人，远远比几十年后欧洲地理大发现时期，哥伦布、麦哲伦等只有可怜巴巴的三五艘船拼凑起来的小小船队庞大得多。郑和船队几乎走遍了东南亚各地，并且到过印度、波斯湾、红海和东非。从那时起，在南方大洋上航行，已经没有什么秘密可言了。

为什么这样说？

因为他的船最先进，种类十分齐全。最大的宝船有 44 丈长、18 丈宽，高高竖起 12 面大帆，排水量 3100

小档案

郑和船队下西洋，还派遣了一些分船队访问了别的地方。有人说，其中一支分船队已经绕过了好望角。有人甚至还神乎其神地宣称，有一张郑和船队绘制的"世界地图"，证明郑和的一支分船队到达了美洲。但这些都没有确切的根据，就难以让人信服了。

吨，载重量达到 2500 吨，可以装载上千人。船队里还有运载马匹和货物的马船，运载粮食的粮船，担任保卫作战的大型座船，小型的快速战船等。

为什么这样说？

因为郑和船队传播的是和平与友谊，而不是奴役和仇恨，人格和国格都高尚得多。

是啊，1492 年哥伦布发现新大陆的时候，只有 3 艘船和 80 多个水手，最大的船不超过 100 吨。1498 年达·迦马绕到好望角的时候，只有 4 艘船，170 多个水手。最大的船 120 吨，最小的只有 50 吨。1519 年麦哲伦环绕世界的船队只有 5 艘船，265 个人，最大的船 130 吨，最小的 60 吨。这些被称为地理大发现时最伟大的航海家，和郑和相比，岂不是小巫见大巫吗？

他们和郑和船队更加不同的是，他们带给世界的是痛苦和眼泪。他们经过的地方，留下了"黄金海岸""象牙海岸""奴隶海岸""胡椒海岸"，一连串象征掠夺的地名。加上妄自尊大，以自己的名字强加在别人头上的地名，处处都表现出贪婪残暴的狼子野心。万恶的殖

小档案

郑和有许多助手和副使，随同他的主船队一起出海，其中有些人担任分船队的统领访问其他地方。其中著名的有费信，曾经四次跟随郑和出海，他写了《星槎胜览》。马欢曾经 3 次出海，他写了《瀛涯胜览》。巩珍也跟随郑和访问了 20 多个国家，写作了《西洋番国志》。这些书都是有名的航海著作。为了纪念他们，南海岛屿中还留下了他们的名字。

民主义，怎么能和伟大的郑和相提并论？郑和奉了明成祖的命令，从永乐三年（1405年）到宣德八年（1433年），先后7次远渡重洋，访问了亚非30多个国家，几乎走遍了东南亚各地，并到过印度、波斯湾、红海和东非。为了"以宣德化而柔远人"的目的，坚持"不可欺寡，不可凌弱"的原则，尽管拥有强大的武装，却从来也不侵占别人一寸土地，更甭说烧杀劫掠，贩卖奴隶了。他访问过的地方，人人深深怀念他，发自内心取了三宝垄、三宝镇、三宝港、三宝井、三宝颜等地名，建立起三宝庙，永远纪念三宝太监郑和的功劳。许多国家自动前来中国进贡和通商，甚至有的国王、王后也一起来拜访。把郑和的光明磊落的胸怀和那些阴险毒辣的殖民主义航海家相比，谁高谁低，不是一目了然吗？

可惜，郑和船队开辟的友好航线没有继续保持下去。如果再航行得远些，就不会有什么西方航海家发现东方，而是中国航海家发现好望角背后的整个西方。不会有什么后来的外国的炮舰，轰开中国的大门了。

唉，真忍不住为这段历史而深深叹息。

小档案

西沙群岛里有永乐群岛、宣德群岛，都是为了纪念郑和下西洋而命名的。

【五 "印度提督"达·伽马】

迪亚士"发现"好望角以后的第 10 年，4 艘葡萄牙船悄悄绕过了这个多风暴的岩石岬角，紧贴着岸边驶进了印度洋。率领这支船队的是为国王所宠信的贵族达·伽马，他奉命继续向东方航行，寻找通往印度的航线。

葡萄牙国王马努艾尔对这次航行寄予很大的希望。因为自从迪亚士绕过非洲以后，形势已经有了很大的变化。葡萄牙的海上竞争者西班牙已经连续两次派出哥伦布的探险队，发现了据称是印度的许多岛屿，带回黄金和作为证据的红皮肤的印第安人。葡萄牙如果不赶快动手，富饶的印度也许便会被西班牙女王独吞了。

葡萄牙能不能也派出一支舰队，跟踪在哥伦布船队的后面，去分享新大陆的利益呢？

这在当时是绝对行不通的。因为西班牙已在罗马教皇的主持下，于 1494 年与葡萄牙签订了一个两国划分海外势力范围的条约。按照规定，以非洲的佛得角以西 370 里格①处的经线为界，西面是西班牙的管辖区，只有在东面，葡萄牙才能自由发展，所以葡萄牙便在 1497 年的夏天派出达·伽马的船队，希望他能从另一个方向抢占印度大陆，和西班牙分庭抗礼。

---

① 里格是陆地及海洋的古老的测量单位。1 里格约等于 3 海里（1 海里 =1.852 千米）。

达·伽马的船队在海上一颠一簸地前行着，虽然他下令挂满船帆，并且听从了迪亚士的劝告，离开西非海岸稍远一点航行，穿过南回归线以后再驶近岸线，以免遇着沿岸北上的逆流，但是他的船毕竟太小，最大的只有 100 吨左右，经不住风浪的袭击。他们花费了半年多的时间才绕道好望角，驶入欧洲人从未到达过的海区。

达·伽马站在船舷边，注视着非洲东岸的新奇景色，心里又是欢喜又是忧愁。喜的是，经过千辛万苦，他终于如愿以偿，驶上了通往东方的广阔航路。但是面对着茫茫的印度洋，他心里却又十分发愁，不知究竟应该拨转船头，朝哪个方向驶去才好。

最后他决定采用葡萄牙人从前探索非洲航线的老办法，紧贴海岸，小心谨慎地向前航行。这样可以避免被汹涌的海流冲卷到无边无垠的大洋里去，而且说不定还可以遇见什么人，慢慢打听道路再驶往目的地。

达·伽马瞧见阿拉伯的海船上有罗盘引航，还有详细的海图和观测指南，设备比他们先进，心里十分明白，要想到印度去，就只有老老实实依赖阿拉伯人的帮助才行。

看起来，达·伽马的主意并没有打错，当他们驶过赞比西河口不远，就迎面遇见了 4 艘满载商品的阿拉伯单桅船，并且得知在这片大海的对面果真就是梦寐以求的印度。葡萄牙人喜出望外。

东非海岸有不少阿拉伯人的居留地。他们继续向前走，来到一个名叫蒙巴萨的港市，由于他们行动鬼祟，引起当地首领的怀疑，险些受到袭击，因此慌里慌张拔锚溜掉了。

再往前走他们到了 100 千米以外的马林迪，这时正是 1498 年 4 月。这一次葡萄牙人装得很谦虚，骗取了当地苏丹的信任，并受到十分友好的接待。

　　马林迪位于现在的肯尼亚境内，是东非的一个重要港口，经常有各国商船在这儿会集，中国的郑和船队也曾访问过这里。马林迪的苏丹还曾派人带了长颈鹿、斑马和象牙，一直送到北京去呢！要到东方去，在这儿寻找向导是再理想也没有的了。苏丹答应了葡萄牙人的请求，十分热情地选派了最有经验的领航员艾哈迈德·伊本·马治德给他们带路。也算他们运气好，这时正是印度洋上西南季风初起的季节。在马治德的指引下，他们很快就漂过大海，于5月20日顺利到达了印度的卡利卡特城。

　　卡利卡特是当时印度西海岸最繁华的商港，也是东西印度洋上的货物转运和贸易的中心。当船队缓缓驶进港口，从那些方头的、圆头的、船尖翘起的各国船只间通过的时候，葡萄牙水手们目睹了港岸上层层叠叠地排列着的雪白和米黄色砂石结构的城堡、宫殿和远处矗立的一些规模宏伟的印度教神庙，以及清真寺拱形屋顶的影子。等他们看到集市上陈列着精致的中国瓷器和绸缎，马六甲的丁香，锡兰的肉桂，马来亚的锡块，阿拉伯的干枣和皮革，非洲的象牙、宝石，当地的生姜、胡椒，以及身穿五颜六色服装的人们用各种各样难以听懂的语言互相交谈和商议着货物价格的时候，都不由得惊呆了。也许他们还以为这一切都是海市蜃楼的幻景呢！

　　当地的居民以好奇的眼光打量着这支古怪的船队，十分热烈地欢迎他们。但是葡萄牙人表现得极其贪婪和倨傲，起初他们在城市大量抢购罕见的香料，后来竟开始兜捕印度人，准备带回国去当奴隶。这件事激怒了当地人，他们成群结队地拥到船边来讨还亲人，达·伽马下令开枪射击，鲜血染红了他们"新发现"的土地。印度人认清了这伙不速之客的真面目，愤怒地握住矛枪和石块予以还击。达·伽马眼见情况不妙，慌忙拨转船头从原路逃跑。

1499年9月，这支小小的远征船队历尽千辛万苦返回了葡萄牙的京城里斯本。国王为他终于到达了真正的印度，压倒了强大的对手西班牙，举行了盛大的狂欢会。

为了使在罗马教皇主持下西、葡两国划分势力范围的条约变为事实，1501年，葡萄牙国王派航海家卡布拉尔率领一支小舰队前往印度，炮轰卡利库特城以示"惩罚"。接着，达·伽马于1503年又以"印度提督"的身份，带了15艘战舰驶往印度，并任意袭击抢劫印度洋上的各国商船，以显示葡萄牙的无上权威。从此葡萄牙人在印度洋航海史上揭开了新的罪恶的一页。

小档案

果阿在印度半岛西海岸，是葡萄牙殖民者到达印度后，长期霸占的一个殖民地。

烟波浩渺太平洋

——太平洋航线的故事

太平洋，浩渺的大洋，1 亿 8000 多万平方千米。装下大西洋、印度洋、北冰洋，还有一些空隙。把世界五大洲放进去，也绰绰有余。

太平洋，新、旧世界的一堵水墙，隔开了新大陆和旧大陆，同日月星辉而不知彼此，老死不相往来。谁首先冲破这道鸿沟，说一声："你好！我来了。"

太平洋，有一个秘密。波光浪影里，遮隐了无数神秘的岛屿。只有阳光、海水、沙滩，没有人世喧嚣，干戈纷争。这才是极乐世界，与世无争的世外桃源，一个个宛如人间天堂的地方。不同的岛民，远隔万重波、千重浪，却是同样的皮肤，同样的语言，同样的信仰，惊人的相似，使人难以想象。外来者跨越万里海疆，面对同样的岛屿风情画，心中无限迷惘。不明白同样的生命种子，怎么到处播扬？

太平洋，一片迷迷茫茫。鱼龙出没，风波诡谲，美人鱼唱歌的地方，古时谁曾扬帆远航，到那些天涯海角一一拜访？

太平洋，原本太太平平，经历了地老天荒。是谁捅破了梦境，搅起了恶浪，反倒装模作样，命名叫作什么"太平洋"？

喔，那是自高自大的西方探险家，自我宣布"发现"了太平洋。"发现"就是占领，就是皮鞭和锁链，止不住泪水汪汪。太平洋不太平，岂不是莫大讽刺，叫人怎么评讲？

你啊你，常青的历史老人，你可能对我细细讲？

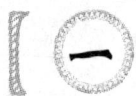

【 一 惊涛骇浪里的独木舟移民 】

一部太平洋航海的故事，蒙罩着神秘，充满了惊奇。

远方来的航海家，航行到太平洋上一座座孤岛，心中无限惊奇。做梦也没有想到，这些位处洋心的小岛上，居然生活着一个个海上部落。不由有些纳闷，他们是从哪儿来的，难道是浪花里诞生的人类?

太平洋上散布着澳大利亚、美拉尼西亚、波利尼西亚、密克罗尼西亚四个种族，也是四大文化圈。尽管他们之间有些差别，各自内部不管相距千里万里，隔着望不见边的层层波浪，却惊人地相似，就是一个个难解的谜。

让我们说说波利尼西亚人吧。

在茫茫的太平洋上，东起复活节岛和夏威夷群岛，西到东南亚的伊里安岛和印尼群岛，像繁星点点般散布着无数岛屿，居住着同一文化的波利尼西亚人。当欧洲人航行到这里，自称"发现"了这片地方的时候，他们的总人口已经达到 100 万人，渔业和农耕文明已经发展到很高的水平，使欧洲航海家感到非常惊奇。

这些小岛彼此相距非常遥远，距离周围的大陆至少也有三四千海里，生活方式、风俗习惯、宗教信仰，包括语言在内，怎么可能完全一模一样?

有人说，太平洋心曾经有一个辽阔的大陆，后来沉没进海底，留下一些露出在海面的山峰，就是一座座小岛。既然从前是同一个大陆，文化就自然相同了。

有人说，哪有什么神话般的大陆？遍布海上的小岛就是小岛，是波利尼西亚人慢慢划着船，一个个发现、一个个征服的。

这话说得对，也不全对。

太平洋人类的起源，是一部荒诞的科幻小说，还是严肃的历史篇章？

不，这不是科幻作品。这些海上民族的根不在近旁的大洋，而是在遥远的大陆上。

要想破解这个问题的答案，得要从遥远的冰期时代说起。

地质学家宣布，大约在距今 4.5 万到 6 万年前的第四纪末次冰期时代，海平面大约下降了 100—150 米，塔斯马尼亚、澳大利亚和伊里安岛连接在一起。这片辽阔的陆地不是孤立的，和南洋群岛仅仅相隔一条狭窄的海峡。

考古学家接着说：这就好啦！这样的地理环境再好不过了，给原始人架起了一道道陆桥，铺设了一个个水上跳板。远古时期的原始人，就可以顺着陆桥和岛链，一步步进入号称"南方大陆"的澳大利亚，再进一步登上太平洋心大大小小的岛屿了。

噢，明白啦。这部太平洋心的人类迁移史，是用脚步，也是用船桨书写的。当冰期结束后的漫长冰后期时代，滔滔海潮重新淹没出露的海底，人类的迁移往后就完全是船桨划着海水完成的了。

那是原始独木舟的功劳。

请别小看了古老的海上独木舟。正是这些貌不惊人的小小船儿，载运着三五个，七八个，零零星星的原始水手，乃至整个海上部落，勇敢地迎着风浪，驶入波涛喧天的洋心，寻找可以生存的立足地方。他们发现了一

个又一个岛屿，几乎没有一座隐藏在波涛后面的岛礁，能逃脱他们锐利的目光。

要知道，在浩瀚无边的大洋上，星星点点的岛礁，散布得非常广阔。要想在无边无垠的海域里，发现一座可以容身的小岛，简直和大海捞针一样困难。这些勇敢的海上搬迁部落居然做到了，得要多大的勇气和毅力，在海上留下多少航迹？说他们经过世世代代努力，航行遍及整个太平洋，一点也不过分。说来几乎使人难以相信，这一切竟全都是小小的独木舟完成的！

他们才是真正的太平洋发现者。其他一切后来的航海家，不管牛皮吹得多大，只不过是历史的迟到者而已。这难道还会有争议吗？

请不要用后来的殖民者的口吻，贬低这些太平洋的原始岛民。他们不

复活节岛石像

是没有开化的野人，他们曾经创造了辉煌的文明。

请看，复活节岛上的神秘石像，凝聚着多么精湛的技艺和丰富的想象力。后人无法解释制作者的意图和高超雕塑水平，只能惊叹这是一个未解的千古疑谜。

请看，加罗林群岛的波纳佩岛上，还有一个石头堆砌的谜，考问着每个来访的人。在随风摇曳的椰林中，耸立着一座奇异的石头神殿，映衬着高大的火山影子，旁边古代国王的陵墓，显得神秘兮兮的。苔痕斑斑的黑色石墙，不知经历了多么悠久的岁月，显得无限神奇。

在太平洋上，这样的古代石头建筑不止一处。塞班岛、马里亚纳群岛，全都有类似的建筑物的遗迹。孤岛上缺乏树木，聪明的岛民就地取材，使用乌黑的火山玄武岩垒砌巨大的殿堂和房屋。考古发掘证明，岛上可以划分出前拉特期和拉特期两个文化期。在粗大的玄武岩石柱旁边，出土了大批素面陶器、石器和用贝壳、动物骨骼制作的鱼钩等工具。学者使用碳十四同位素方法，测出这些文化遗物距今大约 1100 年，和欧洲神圣罗马帝国的时代相当，所以我们完全没有理由贬低太平洋上的原始岛民。人们在太平洋心的关岛上的一些陶器碎片上发现了稻壳压印的痕迹，距今大约 1300 年，表明那时候的岛民不仅在海上打鱼，也能种植水稻了。汤加岛上的原始文化遗址里，挖出了狗、猪、鸡的骨骼，证明这些在大陆广泛饲养的家畜家禽，也进入了这儿的人们的生活。

太平洋上的这些海上民族是从哪儿来的？

有人说，他们来自西方，属于马来人种；有人说，他们来自北方，是千岛群岛和阿留申群岛人的后裔；有人说，他们来自东方，是南美洲印第安人的子孙。靠近什么方向，就可能有什么方向的海上移民，完全不用争论,也许不同方向的来源都有吧,只不过多少的区别而已。但是从整体来说,大多具有黧黑的皮肤和卷曲的头发,加上头型、发型、体型等特征,以及文物特征、语言系统相似,更加接近东南亚的马来人,和最早源自北亚蒙古人种的印第安人不一样。人类学家仔细划分,还可以分出许多略微有差别的类型,代表不同的海上族群。打从无法记忆的原始时代开始,就有一股股来自东南亚大陆和南洋群岛的海上移民,从西向东迁移,最后遍布包括澳大利亚在内的辽阔太平洋。特别是在岛屿众多的南太平洋,几乎占据了统治地位。

可惜呀! 实在太可惜,除了一些零散的神话传说,没有一页完整的文字记录被保留下来。所有的往昔历史都被海风吹散,被海浪冲蚀得干干净净了。要不,历史将会告诉世界多少神奇的航海故事。

小档案

瑙鲁岛有一个宇宙起源的神话。传说有一只会飞的老蜘蛛,发现一个巨大的蚌壳,就钻了进去,结果出不来,蜷着身子非常难受。蚌里黑漆漆的,什么也看不见。它找呀找,找到两只蜗牛,于是把蜗牛塞在蚌壳缝里,变成了太阳和月亮,才照亮了里面。它使劲举起上半个蚌壳,变成了高高的天空。身上流下的汗水装满下面的蚌壳,变成了大海。世界就形成了。

【二　榕树根缝里的寿星像】

达尔文港，澳大利亚的北部"窗口"。从这里通往近处的南太平洋，远处的东南亚和中国南方海岸，很早就开辟了航线。1879年，人们在这里修筑一条公路，在清除一棵挡路的巨大榕树时，在地下1米多处，意外地发现了一尊玉石雕凿的神像，它紧紧包藏在盘曲的树根中间，已经与树根完全合为一体。

筑路工人耗费了很大的气力，才小心翼翼把它挖出来，好奇地捧在手里一看，只见由于时代久远，玉石已经被土壤浸染得发黑了，不知在泥土里埋藏了多少年。

再一看，这个玉石神像身穿长袍，系一根腰带。手托一个仙桃，颔下长须飘拂，骑着一只白斑鹿，显然不是当地土人供奉的神像。大家七嘴八舌讨论一阵，谁也猜不出这是什么神灵，更加不知道是什么人留在这里的。不管怎么说，这总是一件稀奇的古董，人们连忙送到市内请文物专家鉴定。

文物专家仔细一看，原来这是一尊中国道家供奉的寿星像！由于时代久远，是一件有价值的古董，立刻就被一个私人收藏家买去。悉尼博物馆得到消息，连忙又花了一大笔钱买来，列为馆内的展品。

这个玉石神像弄清楚了，紧接着又有一个难解的谜。它的原产地是中国，怎么会到这里来的？

有人猜，从前到澳大利亚的华工很多，后来许多人在这里定居，可能是他们遗落在这儿的。

有人摇头说，看这棵大榕树，已经有好几百年的历史，远比华工进入澳大利亚的时间早，应该是更早的遗物。从寿星塑像紧紧嵌在树根中间的事实推断，它和这棵大榕树是同龄的东西。

细心的人又发现一个疑点。这个寿星像被树根紧紧包住，可能是种树的同时被埋藏的，这更进一步印证了它不同寻常的来历。

几百年前谁来过澳大利亚？

人们想来想去，忽然想起了郑和。郑和下西洋的时候，曾经派遣一些分船队访问四方，会不会有一只船到过这里呢？翻开明朝的史料，曾经提到距离这里不远的爪哇。如果郑和船队中的一只船从爪哇稍微往南偏航一丁点儿，就能到达今天的达尔文港了。如果是真的，这岂不是中国人最先发现澳大利亚的一个证据吗？

古代航海图

这不是孤例。17世纪初，西班牙航海家托雷斯到达伊里安岛的时候，也曾经发现了中国的铜铃，证明那里早就和中国有过往来了。

这是中国人进入太平洋唯一的线索么？

噢，不，抛开许多关于古代中国人到达美洲的传说不提，还有许多疑似的线索。

《山海经·海外东经》里的"毛民国"，身穿很厚的皮毛，住在洞穴里，是不是千岛群岛和北海道周身多毛的阿伊努人？黑皮肤的"黑齿国"，人们牙齿是黑色的，喜欢吃蛇，也能玩蛇，农作物主要是水稻。"雨师妾国""玄股国""劳民国"也是黝黑皮肤的人，有的抓住龟，有的披着鱼皮、抓海鸥和别的水鸟吃，是不是南太平洋上波利尼西亚人的写照？记述更加遥远地方的《山海经·大荒东经》里，大海尽头的无底深渊大壑，日月所出的合虚山、入海七千里的流波山在哪里？居住在海里，抓住大蟹的女丑是谁？"司幽之国"是不是北极圈内漫漫极夜的象征？所有的这一切全都是无稽的神话，还是有一丁点儿真实的影子？

晋代高僧法显从狮子国（现在的斯里兰卡）乘船回国途中，遇着风浪漂流了整整13天，直到爪哇岛。从那里返回的时候，又遇到风暴，漂了20多天，历尽艰险最后到达山东半岛的崂山。这个航程至少包括了南海、台湾海峡、东海和黄海一线。从其描述的拥有若干大型海洋生物的深海景象来看，也不排除曾经一度被风浪卷入西太平洋边缘的可能。

即使这些传说统统不算，如今在美洲西海岸、南洋群岛、澳大利亚，以及西南太平洋一些岛屿发现的许多中国古代文物，也表明当时中国的确曾经通过某种渠道，和这些地方相通。

【三】 "南海"发现记

巴拿马地峡，美洲的蜂腰。南北连接南北美洲，东西隔开加勒比海和太平洋。加勒比海是大西洋的一部分，巴拿马地峡隔开了世界两大洋。难怪今天巴拿马共和国的国旗分出了四个方格，它就是在骄傲地向全世界宣称：这里是分隔两大洲、两大洋的地方呀！

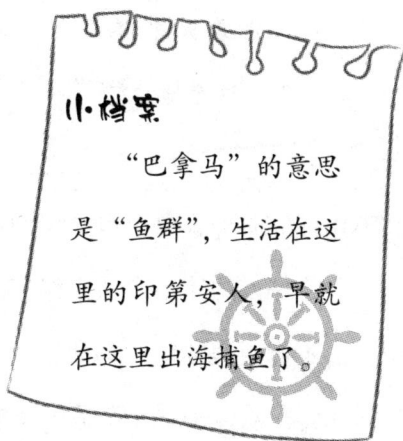

西方人第一次"发现"太平洋，就在这个狭窄的地峡上。这话要从哥伦布发现新大陆说起。他到达新大陆后，打听到西边还有一个辽阔的"南海"，"南海"边有一个出产黄金的国家，不管什么东西都是金灿灿的黄金打造的。哥伦布一下子红了眼睛，立刻抓了一个印第安老头儿，叫他画了一张地图草稿，强迫他带路去寻找通往"南海"的路。

"南海"是什么海洋？就是太平洋呀！

这一年，是16世纪刚刚开始不久的1502年。那一年的夏天，他押着这个印第安老人在中美洲的洪都拉斯登了陆，受到没有见过外来者的当地印第安人的热烈欢迎。哥伦布才不管这一套呢，立刻竖起西班牙卡斯蒂

利亚王国的旗帜，宣布对这里的占领。两个月后，他到达了巴拿马的东海岸，已经距离向往中的"南海"不远了。这里的印第安人同样热情善良，哥伦布受到了同样的欢迎。哥伦布走到这里已经得到确切的情报，"南海"就在西边不远的地方，翻过几重山就到了。现在不用任何向导，自己也能走到那里去。

　　印第安人的使用价值已经完了，哥伦布再也用不着他们，一下子翻了脸，对不肯臣服的巴拿马印第安人开枪镇压。印第安人愤怒了，想不到用笑脸和鲜花欢迎来的，竟是一个披着人皮的恶魔，便毫不客气地赶走了他。

　　嗨，这个哥伦布也太性急了。如果他继续扮演笑面虎，没有立刻露出狰狞的面孔，没准儿就能在印第安人帮助下，首先获得"发现"太平洋的桂冠。可是殖民者就是殖民者，强盗就是强盗，改得了本性吗？

　　哥伦布错过了一个绝好的机会，拱手把荣誉让给了后来人。要不，往后猛吹他的人，又可以做一篇新文章啦。

　　1508年，两个和哥伦布做着同样的黄金梦的西班牙破落贵族，得到当时分裂的西班牙卡斯蒂利亚国王批准，纠集了一帮流氓，到中美洲建立殖民地，并被封为"总督"。这伙人本来就不是好东西，离开了西班牙，到了谁也管不着的美洲，流氓本性立刻暴露出来，他们大肆搜刮黄金、抓捕奴隶，引起印第安人激烈地反抗。这伙人之间也各怀鬼胎，经过一番内部残酷争斗，带头的换了一个名叫巴尔菩亚的家伙。他依靠阴谋手段，干掉了所有对手，甚至把国王任命的"合法"总督也赶上一只破船，不给吃的喝的放逐到海上，让其葬身鱼腹。巴尔菩亚的所作所为被西班牙本土政府认定是叛乱行为，倘若被抓住，肯定没有好果子吃。巴尔菩亚自知罪孽深重，如果不创造出奇迹讨好国王，就只有在绞形架上打秋千了。

为了做出一番惊天动地的赎罪"事业"，也为了发一笔横财，巴尔菩亚率领了几十个亡命徒，闯进巴拿马的热带丛林，从东向西穿过整条地峡，终于看见了一片蔚蓝色的大海。

啊，这就是向往中的"南海"呀！

巴尔菩亚十分激动，意识到自己完成了一个连哥伦布也没有完成的伟大发现，立刻举起手里的卡斯蒂利亚国旗，对着空气装模作样地大声宣布："我以卡斯蒂利亚国王的名义，宣布占领了眼前这片海洋和它周边的一切陆地、海上所有的岛屿……从北极到南极的海岛、北大陆、南大陆和它们的海洋，以及赤道两侧。现今和以后永远拥有主权。直到世界还存在，直到对一切濒于死亡的最后审判为止。"

为了表示自己的"主权"不可动摇，他接着对面前空无一物的天空宣布："如果哪个国王或首领，哪个基督徒或别的什么人，胆敢对这些陆地和海洋提出主权要求，我将以合法主人的身份武力抗争。"

他宣布完了，就找几个随行的匪徒充当"合法"的"公证人"，让他们一一宣读证词，完成了他自认为"合理合法"的占领仪式。

瞧他说得口沫横飞的样子，简直像是疯子的梦呓。可笑的是西班牙的卡斯蒂利亚王国政府居然以此为准，作为已经拥有了"南海"以及周边所有地方主权的证据。不消说，卡斯蒂利亚国王笑逐颜开，再也不追究巴尔

菩亚的罪过了。

这就是西方"探险家"首次"发现"太平洋的经过。只消看一眼，就宣布眼前所有的东西，连同眼睛不能望见的一切，全都是自己的私有财产。也只有从这些强盗嘴里，才能吐出这样恬不知耻的强盗逻辑。

巴尔菩亚的发现，印证了哥伦布从前听说的传闻。既然"南海"是真实的，"南海"边的"黄金国"也是真实的，往下的事情还需要多说吗？

疯狂追逐黄金的西班牙人，在巴拿马地峡的西海岸建立了巴拿马城，并以此为据点，开始了真正的太平洋航行。航向和目标十分准确，就是沿着巴拿马太平洋海岸笔直向南，一直驶往当时的印加帝国，今天秘鲁所在的地方。一幕幕残酷的血洗和抢劫，一艘艘满载赃物的船只离开这里，开辟了一条罪恶的航线。欧洲人在太平洋的航行，就是这样展开的。

小档案

1533 年，西班牙殖民者科尔特斯到达加利福尼亚，觉得这里热得不能忍受，就给这里取名加利达·福尔纳克斯，拉丁文意思是"热火炉"，加利福尼亚的名字就这样产生了。

【四】 麦哲伦环球航行

从前，人们认为天圆地方。大地像是一个大桌子，头顶覆盖着穹形的天空，上面镶嵌着太阳、月亮和星星。顺着平坦的桌面往前走，就不能转回来。桌面四周是无底深渊。谁也不敢航行到那儿去，一不小心掉下去，再也甭想返回人间了。

后来人们怀疑这是不是真的，想象地球是圆的。

只靠空想不管用，得用实际行动证明才能使人心服口服。最好的办法就是围绕着它转一圈，就能雄辩地说明一切了。

15 世纪的葡萄牙航海家麦哲伦完成了这件事，真了不起！

我们称赞他的时候，也不能不说另外一句话。

麦哲伦环绕地球航行，真的只是纯粹的科学目的吗？

麦哲伦

110

噢，不，说来有些煞风景。在这冠冕堂皇的招牌背后，隐藏着肮脏的殖民主义阴暗心理。

那时候，葡萄牙是海上霸主。从1452年到1479年，罗马教皇尼古拉五世、卡利克特三世和西克斯特四世先后十分慷慨地把包括印度在内，东方所有的土地，统统赏赐给葡萄牙。

葡萄牙占了便宜，旁边的西班牙怎么办？西班牙也是海上强国，怎么能冷淡了它？

西班牙叫嚷起来了，愤怒呼喊："不公平！这实在太不公平了。教皇怎么能偏心眼儿，把富庶的东方全都赏赐给葡萄牙？"

为了体现公平原则，把一碗水端平。自称"上帝的奴仆的奴仆"、十分"谦恭平和"的亚历山大六世教皇，就召集这两个海上强国坐下来好好协商。他"慈祥"地安慰西班牙说："别急，有话好说呀。上帝是公平的。给了葡萄牙一半世界，再给你另一半好啦。"

他摆出一副公平的面孔充当和事佬，说到就做到。1494年6月7日，他亲自签署了《世界第一个分界线》的"历史性文件"，就是后来被人们咒骂的臭名昭著的《托尔德西利亚条约》。这位"公平"的教皇郑重宣布，以非洲的佛得角西边，大约118.5海里所在的经线为界，划一条"神圣界线"。包括所有的土地、物产和子民在内，东边"赏赐"给葡萄牙，西边"赏赐"给西班牙。这就十分"公平合理"地解决了两个海上强国的争端，和和气气地划分了整个世界。这样一来世界就能永久和平了，真是"千古不朽"的"功勋"呀。

这时候，哥伦布已经发现了新大陆，西班牙得到了既得利益。葡萄牙有了教皇圣旨，也紧锣密鼓地朝东方推进，先后绕过了好望角，到达了印度，实现了首先到达这个东方乐土的理想。

这时候，天圆地方的理论已经行不通了，人们已经有了圆溜溜的地球的概念。经过后来证实，哥伦布发现的新大陆并不是想象中的印度。巴尔菩亚越过巴拿马地峡发现"南海"后，开阔了欧洲人的视野，知道新大陆背后还有一个大洋。印度还在这个大洋的对岸。

西班牙人开始想，地球是圆的。你从东边到达印度，难道我不能从西边到达吗？问题只是寻找一条绕过新大陆的通道，就能达到这个目的了。

是啊，不管多大的陆地也有尽头。非洲可以绕过，新大陆为什么不能照样绕过去呢？要知道，一旦绕过新大陆，就能根据神圣的《托尔德西利亚条约》，使西班牙也"合理合法"染指富饶的印度了。这是从西边伸出的一只手，完全符合教皇的规定，叫葡萄牙一个喷嚏也打不出来。

为了寻找连接两个大洋的通道，1515 至 1516 年间，就有一个名叫胡安·迪亚斯·索里斯的西班牙船长，率领三艘帆船从号称"西班牙海"的加勒比海出发，沿着南美洲海岸航行，仔细探察有没有这样一条水上通道。当他航行到宽阔的拉普拉塔河口的时候，误以为这个"淡水海"就是可以连通大陆背后"南海"的海峡。可是他不知好歹，竟在这儿摆出殖民主义者的架子，惹恼了当地的印第安人，于是印第安人毫不客气把他宰掉了。

小档案

西班牙独霸新大陆的时候，把加勒比海叫作"西班牙海"。

索里斯之死，并没有使西班牙死心，西班牙还一直念念不忘继续探寻

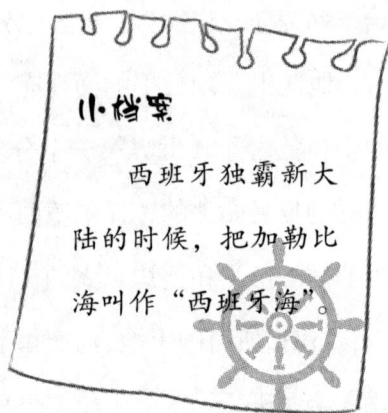

绕过新大陆之路,只不过没有找到合适的人选而已。在这样的心理下,恰巧遇着了麦哲伦跑来毛遂自荐,双方一下子合了拍,西班牙就毫不犹豫支持麦哲伦的行动。

麦哲伦是葡萄牙人,怎么会跑到自己祖国的海上对手西班牙去,推荐自己的环球航行计划呢?这得要多说几句。

费尔南多·麦哲伦出身于一个破落的贵族家庭,从小就是王后的侍从。后来他曾经参加海军远征印度、马六甲、马来群岛,为了和阿拉伯人争夺印度洋上的海洋霸权,狠狠打了好几仗。通过这些经历,麦哲伦不仅积累了丰富的航海经验,也通过自己的亲身观察和当地人的讲述,弄明白了印度以东,包括东南亚一带的海上情况。他知道印度和马来群岛不是世界尽头,东边还有一片迷迷茫茫的大海,不知多么广阔。

马来群岛以东是什么?别的人没有想过。他却深深相信地球是圆的,如果继续往东航行,准保能够到达新大陆的背后,叫西班牙人吃一惊。

为了实现自己的梦想,他决心要做一次环球航行,证明自己是对的。可惜葡萄牙国王对他的计划丝毫不感兴趣。西班牙人早就在新大陆站稳了脚,何必再画蛇添足,耗费一大笔钱,从背后又去寻找通往新大陆的道路?再说,即使麦哲伦是对的,马来群岛以东还有一片大海。在那空荡荡的大海里,又能捞到什么东西呢?葡萄牙国王把他当作空想的书呆子或者疯子,压根儿就不理睬他。

麦哲伦在自己的母国碰了一鼻子灰,转身就投进西班牙的怀抱了。

西班牙国王一听,觉得正中下怀。这岂不是自己正要寻找的索里斯第二吗?目光短浅的葡萄牙国王不想从印度和马来群岛继续向东发展,他可念念不忘从新大陆往西伸出一只手,一直够着印度呢。西班牙国王立刻批准了麦哲伦的计划，让这个葡萄牙人为自己服务。同时开了一大堆支票，任命麦哲伦为总指挥，答应在所发现的土地全部归西班牙国王所有的前提下，让麦哲伦担任总督。同时答应新发现土地的全部收入的二十分之一，归麦哲伦个人所有。这个条件实在太优厚了，麦哲伦高兴极了！

话虽然这样说，西班牙国王毕竟还是对他有些不放心，特意安排了皇室成员卡拉塔赫纳担任探险船队的副手，另加几个可靠的西班牙船长，监督麦哲伦的行动。麦哲伦这个葡萄牙人，只不过是西班牙国王棋盘上可供利用的一颗棋子而已。

1519 年 9 月 20 日，麦哲伦在西班牙支持下，率领一支由 5 艘多桅帆船组成的探险船队，从西班牙塞维利亚港口出发了。沿着哥伦布的航迹，船队一路上十分顺利地越过大西洋，到达了彼岸的新大陆，然后沿着巴西海岸慢慢往南搜索，寻找绕过这个辽阔的大陆，进入背后"南海"的通道。

就在这个时候，西班牙国王安排的定时炸弹爆炸了。起初是卡拉塔赫纳和麦哲伦争夺领导权，接着是别的船长发动叛乱。多亏麦哲伦运用铁腕手段，才一个个压服下去。

麦哲伦跟随索里斯的航迹，也航行到了拉普拉塔河的河口。像索里斯一样，他空欢喜了一阵，才明白这是一条大河，不是向往中的海峡通道。为了纪念索里斯，他把这条河命名为索里斯河。

接着再往下走，什么通道也没有发现。漫漫航程似乎没有尽头，不知道这样还要往前行驶多远，水手们失去了信心，探险队内部危机又出现了。一艘船触礁沉没了。另一艘船发生叛变，转向驶回西班牙。叛变的水手为了洗脱自己的罪过，干脆造谣说麦哲伦反叛了。西班牙国王本来就对他有些不放心，当然听这些水手的话。国王立刻中止了对麦哲伦家属的补贴，使他的妻子和孩子死于贫困。

远在海外的麦哲伦不知道家里发生的事情，依旧坚持原有计划，继续沿着陌生的海岸慢慢向南推进，仔细探察道路。

他带领剩下的 3 艘船，往南越走越远，渐渐来到南美洲最南端，遇见了身材高大的巴塔哥尼亚人，来到一个从来也没有欧洲人到过的地方。又经过了一个神秘的角落，这里岸上白天烟雾沉沉，晚上烧起一堆堆篝火。麦哲伦感到非常稀奇，把这里叫作火地。麦哲伦虽然目睹了许多奇异的景色，大大满足了自己的好奇心，可是他却从来也没有忘记最初的任务，仍然坚持不懈地寻找绕过大陆的通道。

这个几乎寸草不生的荒凉地方，海岸特别曲折。一条条水巷子显现在眼前，弄不清是死胡同，还是可以通过的海峡。他没有别的办法，只好耐着性子一个个仔细考察。

到了 1520 年 11 月下旬，麦哲伦终于在南纬 52 度附近，发现一个狭窄水道，弯弯曲曲的忽宽忽窄，水流非常湍急。从它延伸的方向来看，是朝着西边的，这就有一丁点儿希望了。

这条水道也是骗人的死胡同吗？不深入探察，不能轻易下结论。麦哲伦毫不松懈，转过船头进入侦查，暗暗祈祷自己不要碰壁。

常言道，功夫不负苦心人。

小档案

麦哲伦海峡全长 600 千米，最窄的地方只有 3 千米。最深处 1170 米，最浅处 20 米。该海峡是为纪念麦哲伦穿过这里，首次从大西洋进入太平洋而得名。

他指挥着船沿着这条全长550千米的水道慢慢前进，想不到竟穿通了它，一下子进入了一片广阔的海洋。

啊！这就是"南海"呀！

啊！这就是梦寐以求的连接两个大洋的水道呀！

眼看面前陌生的大海，水手们高兴得齐声欢呼。他们的艰苦努力得到了回报。眼前这片望不见边的海洋，就是最好的奖赏。

往下的事情就简单了，似乎老天爷也特别关照他们。在接着的3个多月航行中，海上风平浪静，航行非常顺利。麦哲伦给它取了一个名字，叫作"太平洋"，从此这个名字就流传下来了。

噢，想不到这个名字对麦哲伦和他的水手们来说，竟是一个辛辣的讽刺。他们往后的航程，一点也不太平。

首先是粮食和饮水的问题。

麦哲伦和水手们做梦也没有想到，太平洋竟这样宽阔，比他们熟悉的大西洋宽得多。他们起初满怀激动朝西边落日的方向航行，满以为不用多久就能瞧见马来群岛和印度的景色了，想不到航行了一天又一天，却瞧不见一点陆地的影子，航程似乎永远也没有尽头。船上储存的粮食和饮水都完了，只能吃腐烂的食物，甚至抓老鼠、啃牛皮和木头锯末来填饱肚皮。在这样恶劣的条件下，坏血病开始流行，水手一个个倒下去。甚至连抓来的身体强壮的印第安人也挺不住了，全部死亡人数达19人。死神的阴影笼罩着整条船，大伙儿完全失去了船刚刚驶出海峡，进入太平洋时的高兴劲头。如果不出现奇迹，他们注定会统统死在这个名不副实的太平洋上，没有一个人回到西班牙报告消息。

麦哲伦自己也几乎垮了，他咬紧牙关硬挺着。在这生死关头，他只有虔诚地祈祷上帝保佑，千万不要彻底击垮他们才好。

在这节骨眼儿上，命运再度照顾了他们。1521年3月6日，他们终于发现前方出现了一个小岛，几十只装置了平衡木的小船，怀着好奇心朝他们驶来。麦哲伦感谢上苍仁慈，指挥疲惫不堪的水手，用尽最后的力气把船靠了过去。

这是西太平洋上马里亚纳群岛中的关岛。这个万顷波涛中的小小岛屿，对他们来说就是救命的天堂，热情好客的岛民简直像天使一样。经历了99天的漫长航程，在岛民帮助下，他们终于补充了活命的饮水和新鲜食物，重新振奋起精神，接着向西边预定的目标驶去。

10天后，他们到达了菲律宾群岛的一个岛屿。麦哲伦竖起耳朵仔细聆听，又听见了熟悉的马来语。往前就是早已知晓的航线，可以轻车熟路回到西班牙了。他的心里终于放下了一块石头，告诉自己说："再坚持一下吧，环绕地球的航行很快就要结束啦。"

麦哲伦去世后由剩余船员驾驶这艘"维多利亚号"回到西班牙，完成了第一次环球航行。

讽刺的是，他们的航程没有结束，麦哲伦自己的生命却就此结束了。

这是怎么一回事？原来麦哲伦刚刚逃脱了海上鬼门关，殖民主义的野心又冒了出来。他瞧着这样富庶的地方不由非常眼红，企图趁机占领这个盛产香料的群岛，为自己和西班牙狠狠捞一笔。

麦哲伦露出了丑恶的嘴脸，开始玩弄软硬兼施的手段，一面动用武力，一面利用当地部族间的矛盾，想达到控制这个地方的目的。当一个村子不肯低头时，他悍然下令开枪射击村民，放火烧了这个和平的村庄。愤怒的村民奋起抵抗，用斧头和锋利的标枪毫不客气地杀死了他。村民们才不管他是什么环绕地球航行的航海家呢。

唉，一个建立了伟大功勋的航海家，竟以这样可耻的面目，死在不愿意做奴隶的人们的手里。我们是应该为他惋惜，还是该咒骂他罪有应得呢？

麦哲伦死后，只有 21 个水手驾着一艘船返回西班牙。尽管麦哲伦自己没法回到出发的地方，却通过这次伟大的航行，证明了他的想法，地球的确是圆的，不管是从西往东，还是从东往西，都可以环绕一周回到原地。

小档案

太平洋连同边缘海总面积 1.81 亿平方千米，不连边缘海 1.66 亿平方千米，体积 7.14 亿立方千米。平均深度 3957 米，最深的马里亚纳海沟深达 11034 米。

【五 环绕太平洋航行】

西班牙依靠麦哲伦，把手伸进了太平洋。面对这个大洋和它背后富庶的东方，西班牙不由产生了新的欲望。

不管太平洋那边是不是葡萄牙既得利益的禁域，必须赶快伸手过去捞一把。根据教皇亲自主持制定的《托尔德西利亚条约》，葡萄牙向东、西班牙向西发展，但条约中只有大西洋上一条两国势力范围的分界线，并没有向东、向西发展的极限，因此这也是可钻的空子。

审度眼前的形势，西班牙要想把手直接伸到印度是不现实的。可是印度以东的东印度群岛，就是另外一回事了。那是葡萄牙势力圈的边缘，为什么不可以插一只脚？

经过仔细策划，西班牙看中了东印度群岛东北边的菲律宾群岛。那里还是葡萄牙人未曾染指的空白地带，面积不小，出产也很丰富，是一个待"开发"的宝库。

事不宜迟，一旦主意打定了，就得赶快行动。执行这个任务的是住在墨西哥的勒加斯比。这个人原本只是一个普通的舵手，在墨西哥发了一笔横财，一下子就抖了起来。现在他组织了一支由 5 艘帆船组成的远征队，自任总指挥就动身了。

1563 年的冬天，这支船队从墨西哥出发，横渡太平洋，直指大洋那边的菲律宾。第二年春天，船开到了菲律宾群岛中的宿务岛。勒加斯比一点也不客气，用大炮瞄准了岸边的村庄，强迫当地人归顺西班牙。在武力威逼下，加上双方语言不通，宿务岛的岛民也不知道他说的什么话，稀里糊涂地就让他达到了目的。

菲律宾群岛是一棵海上的大树。树上第一个桃子摘下来了，下一步就是霸占整个群岛的事情了。勒加斯比仔细掂量了一下，觉得自己现时手里的力量还不够，必须有生力军增援才行，于是决定让他的伙伴乌尔达涅塔回墨西哥基地，带来一批援兵。

如今摆在乌尔达涅塔面前的，就是怎么返回美洲的问题了。

照理说，怎么来，就怎么回去，有什么需要动脑筋的？

噢，不，事情没有那样简单。因为当时使用的是帆船，说白了就是"风力船"，需要借助风势和水情。他们从墨西哥到菲律宾，可以依仗东北信

古代航船

风和同一方向的海流帮助，顺风顺水一直往西到达菲律宾。可是要沿着原路回去，就是逆风逆水了，没有来时那样容易。

乌尔达涅塔决定改变路线，寻找新的顺风路线返回墨西哥。

他的运气很好，捕捉到一股在那个季节罕见的西南风，顺风漂流到日本附近的北纬 43 度的地方，一下子遇见了一股强劲的西风。在这股风的推动下，非常顺利地漂过了北太平洋，到达美洲加利福尼亚海岸。到了那里再转舵向南驶向墨西哥，就是小菜一碟了。

乌尔达涅塔成功了！

他的功劳有两个。

其一，他聪明地利用常向西风，开辟了这条从西向东，横越太平洋的新航线，从此由亚洲驶往美洲的帆船航行就再也不困难。为了表彰他的功绩，人们把这条航线称为乌尔达涅塔航线。

其二，他首次环绕太平洋，也是航海史上值得一提的大事。

小档案

乌尔达涅塔航线所经的地方，是一片空荡荡的海洋。富于想象的人们为了填补这个空白，想象出一连串根本就不存在的陆地，害得后来的人们苦苦搜寻，最后完全落了空。

【六 第二次环球航行】

麦哲伦围绕着地球转了一个圈子以后，对于地球是圆的这一说法，就再也没有人怀疑了。人们禁不住会问，第二个环球航行的是谁？

这是一个不折不扣的海盗，也是一个货真价实的贵族老爷。

海盗怎么会和贵族拉扯在一起，是不是弄错了？

不，这是真的，就像月亮总是围绕着地球旋转一样真实。从前，强盗和贵族总是常常调换身份。许多强盗修成了"正果"，就摇身一变成为贵族老爷了，往昔不管犯了什么弥天大罪，统统一笔勾销。一些戴着白手套，道貌岸然的贵族老爷实际上也就是强盗。

这个变成贵族的海盗是谁？

他就是大英帝国引以为骄傲的弗兰西斯·德雷克船长。

说起这个德雷克，可是一个传奇人物。他天不怕、地不怕，敢驾着一艘破船，在海上摸老虎的屁股。

海上的老虎是谁？就是威风凛凛的西班牙。西班牙和葡萄牙争斗了一阵子，依仗自己的无敌舰队的火炮威力，一口吞掉了这个老对手，变成自己的一个省，就独霸世界，成为海上的大霸王了。谁也不敢碰它一下，更别说向它的海上权威挑战了。

这时候，悄悄冒出来一个挑战者，一心一意要干掉西班牙，自己做海上的新主人。

这是谁呀？是不是不想活了，吃了豹子胆？

这就是英国都铎王朝的末代女王伊丽莎白一世。别瞧她是女流之辈，可有心计呢。她干掉了大不列颠岛上的死对头苏格兰玛丽女王，转过目光瞄准周围的大海洋了。英国本来就是一个岛国，不向海上发展怎么能有出头的日子？要在海上出头，迎面就遇见了威风八面的西班牙。

小小的英国连一支像样的海军也没有，明斗斗不过西班牙。伊丽莎白女王的眼珠骨碌一转，想出一个损招。干脆暗暗纵容一帮海盗，骚扰西班牙在新大陆的殖民地和海上船队，用这种蚊子斗大象的办法，削弱西班牙的力量。西班牙恼火吗？这可是悬挂骷髅黑旗的海盗船，和英国政府没有一丁点儿关系。西班牙也不是傻瓜，摸清了来龙去脉，公开向英国提出抗议。英国政府也装模作样协助清查海盗，可是一切都停留在嘴巴上，背地里却又不停地给海盗们悄悄打气，演了一出闹剧。西班牙气得双脚跳，却对英国没有一点办法。

海盗们有伊丽莎白女王背后撑腰，更加"理直气壮"了。其中最凶恶的一个海盗就是德雷克。这个家伙从小就是一个小无赖，刚刚13岁就跟着心狠手辣的海上奴隶贩子霍金斯闯荡江湖。后来他压倒群雄，接替了霍金斯的衣钵，当上了海盗帮的第一号黑老大，一下子就被伊丽莎白女王看中了。女王曾经秘密召见他，颁布了一道密令，认定他"有权"在海上劫掠西班牙船只，攻击西班牙海外领地。德雷克捧着这个尚方宝剑，披上了"合法"外衣，更加肆无忌惮横行霸道了。

德雷克号称"铁腕海盗"，比他的老师霍金斯更加凶狠毒辣。他一面干自己的打家劫舍的勾当，一面不忘"爱国"，狠狠揍西班牙几下。德雷克采取打了就跑的办法，来无影、去无踪，西班牙气破了肚皮，发誓非抓

住他，把他剁成肉酱不可。

西班牙人抓住德雷克了吗？

没有。德雷克可不是一般的强盗，一个通缉令，就吓得尿湿了裤子。他一不做、二不休，心里盘算着何不干脆绕到新大陆的背后，发动新的袭击。1577年，他禀报了伊丽莎白女王，得到批准后，就率领4艘武装帆船，神不知鬼不觉地驾驶自己的金鹿号海盗船，悄悄绕过南美洲最南端的火地岛，出现在南太平洋上，直扑西班牙在太平洋海岸最重要的基地——秘鲁的利马港。这个大胆的狂徒大摇大摆地开进港口，和西班牙商船并排停泊在一起，到了晚上摸清情况后，就发动突然袭击，打得西班牙人晕头转向，不知道这个大胆的海盗是从哪里来的，下一次会再攻打什么地方。紧接着德雷克又拿出看家本领，在通往巴拿马的海上，疯狂劫掠装满金银财宝的西班牙船只。他一路上干了这样多的坏事，西班牙气疯了，咬牙切齿要断绝他的归路，在半路上拦截他，千方百计要捉拿他归案。

德雷克才不傻呢，绝对不会朝枪口上撞。既然西班牙在南美洲加强了戒备，没准儿会在他来时穿过的海峡附近设了埋伏，不如改变一个方向，往北寻找回家的路吧。

他打定了主意，就沿着新大陆的西海岸行驶，企图从北边绕过新大陆，进入他熟悉的北大西洋。他怀着这个目的，慢慢向前航行，后来他在今天的旧金山附近遇到一群友好的印第安人，印第安人唱歌跳舞欢迎他，供给他食物和清水，还送了他许多礼物。德雷克却摆出殖民主义者的架子，叽里呱啦地向这些印第安人宣读一通自己拟定的公告，命令手下的小喽啰随手竖起一根石头柱子，在上面钉上一枚英国硬币，宣布以此为标记，把这里划为女王陛下的海外领土，命名为"阿尔彼荣之地"，意思是"白色岩石"。

围在旁边看热闹的印第安人听不懂他的话，无人表示反对，就算默认这个"历史性"事件了。后来英国和西班牙为加利福尼亚的主权发生争论，英国就"理直气壮"地以德雷克留下的那枚硬币作为"法律"根据。

德雷克接着往北走，一直航行到今天的加拿大的温哥华附近，天气越来越冷，看不见任何可以绕过新大陆的通道，他只好放弃原来的计划，另外想办法回家。

这时候，他没准儿想起了麦哲伦。往东返回的路行不通，就扬起船帆往西回家吧。地球是圆的，还能憋死人不成！

德雷克就这样开始了他的环球航行。他本来就是航行经验丰富的老海狼，沿着麦哲伦开辟的现成道路，顺顺当当就驶进了辽阔的太平洋。

现在摆在德雷克面前的，不是西班牙舰队的威胁，而是浩渺无边的太平洋了。他选择了航向，目标是遥远的马鲁古群岛。因为他事先知道，那里的人恨透了葡萄牙殖民者。现在葡萄牙属于西班牙，他是西班牙的敌人。按照敌人的敌人，就是朋友的规律，马鲁古群岛的人肯定会支持他。

一路上，他经过了马里亚纳群岛，终于到达向往中的马鲁古群岛。这里的居民如同他估计的一样，的确对他非常友好。他在这里得到大量补给品，修补了船只，又好好休息了一个多月，才重新扬帆西航。

1580 年 6 月中旬，德雷克顺利绕过好望角，耗费了两个多月的时间穿过赤道，9 月底胜利返回英国的普利茅斯港。继麦哲伦之后，德雷克完成了人类有史以来的第二次环球航行，在航海史上具有十分重要的意义。

归来的德雷克，受到英国民众的热烈欢迎，大家把他当作了不起的大英雄。伊丽莎白女王亲自上船慰问，为他召开庆功宴会，又特别邀请他与自己一起在御花园散步，授予他男爵爵位。一个十恶不赦的海盗，一下子

伊丽莎白女王授予德雷克爵位

就变成贵族老爷了。

后来英国和西班牙撕破了脸皮，德雷克又露了一手。1587年春天，这个大胆的家伙居然拿出从前偷袭利马港的伎俩，大摇大摆地率领了4艘战舰，闯进西班牙本土加的斯军港，混在敌人舰队中间又是开炮又是放火，一下子就击沉了33艘西班牙战舰。返回途中他又在葡萄牙海岸附近，击毁了近百艘西班牙和葡萄牙的船只。更加精彩的是他随手抓走一艘从印度回国的葡萄牙商船，作为这次行动的战利品。船上装满了贵重的香料，德雷克手下的水手们高兴地说："好呀！这样一来，我们一辈子也用不完了。"干了这一切，德雷克得意洋洋地说："哈哈！我狠狠烧了一下西班牙国王的大胡子。"

虽然这是明目张胆地对西班牙的挑战，但是又可以用德雷克自己的"海盗行动"来搪塞过去。如果有谁追问这件事，英国政府满可以一本正经地说："这是德雷克的个人行为，我们管不着呀！"

明眼人都知道这究竟是怎么一回事,"海上霸王"西班牙怎么能够忍受这样的侮辱,一定要找机会报复。

机会来了!

这一年,伊丽莎白女王不顾整个欧洲天主教国家的反对,处死了关在伦敦塔里的苏格兰玛丽女王。罗马教皇对这个藐视天主教权威的行为十分光火,立刻号召所有的天主教徒向英国宣战。西班牙是天主教国家,国王腓力二世出于公仇私恨,首先站出来响应教皇的号召。师出有名,西班牙打算一战踏平英格兰,好好教训一下这个不知好歹、一再骚扰自己的小小岛国。顺便抓住德雷克,新账老账一起清算。

1588年,西班牙和葡萄牙的联合舰队驶出本土基地,气势汹汹朝英国扑来,对胆敢在海上挑战他们的英国进行讨伐。这支舰队共有130艘巨型战舰,两万多海上战斗经验丰富的官兵,号称"无敌舰队"。舰队准备在今天比利时所在的那个地方再装载5万陆军,跨过海峡在英国登陆,不达目的誓不罢休。

英国震动了,怎么才能抵挡西班牙的讨伐,逃脱灭亡的命运?它的海军小得可怜,压根儿就不是西班牙的对手。在这危难时刻,伊丽莎白女王首先想起了德雷克。女王连忙派他和另一个海盗头子霍金斯,匆匆忙忙组织起英国所能拿出的一切作战船只,出海迎战西班牙"无敌舰队"。

德雷克和霍金斯一点也不害怕,拿出海盗的看家本领,使用机动灵活的小船对付西班牙笨重不灵的巨舰,他们跟在西班牙舰队屁股后面,看准了机会就捞一把。用老鼠战大象的办法,一艘一艘地攻打,击沉了一艘艘落在后面的西班牙船只。西班牙人焦头烂额,却又抓不住他们。等到西班牙舰队转过身子,他们早就跑远了。用德雷克的话说,这是"拔西班牙大鸟的羽毛"。

德雷克说得非常形象，跟在西班牙舰队屁股后面东敲一榔头、西打一棍子，岂不是拔鸟儿屁股上的羽毛吗？

西班牙人做梦也没有想到，英国佬竟不按常理出牌，他们不是摆开堂堂正正的阵势两军开仗，而是用偷鸡摸狗的方式消耗自己的力量。他们这才知道，要想打垮英国不是那么容易。要想按照原来的计划，平平安安地穿过英吉利海峡到比利时接运陆军也充满了危险。西班牙人只好收起队伍，停泊在法国海岸一个港内，静静地等待驻扎在比利时的陆军自己赶来后，再做进一步的安排。

德雷克一看，这可是千载难逢的机会。他心里想，不入虎穴，焉得虎子。他干脆鼓起一股劲，闯进西班牙在法国海岸的水上大本营，一把火将停泊在港内的西班牙军舰烧得精光。西班牙舰队顿时乱成一团，剩下的吓得拔锚就跑，不敢穿过英吉利海峡的老路回去，十分狼狈地兜一个大圈子，远远绕道北海逃跑回家，再也不敢惹英国了。

哈哈！小耗子终于打败了大象。英国胜利了！德雷克胜利了！他在英吉利海峡全歼了"无敌舰队"，建立了赫赫功勋。从此西班牙一蹶不振，英国代替它，成为新的海上大霸王，那就是后话了。

小档案

德雷克海峡在南美洲最南端，阿根廷和智利之间，全长300千米，以德雷克船长的名字命名。

【七】 "北大陆"和"南大陆"

跟随在西班牙、葡萄牙和英国后面，荷兰人也登了太平洋航海的舞台。

说来谁也不会相信，荷兰的海上扩张，竟是从葡萄牙的一个监牢里起步的。

16世纪末，有一个名叫科尔涅里斯·豪特曼的荷兰水手，因为欠了别人一屁股债没法归还，被抓起来关进里斯本的监牢中。在这里他认识了一个葡萄牙狱友，这人也是一个水手，和他有同样的遭遇，也有同样的语言，两个人很快就打得火热。监牢里没有事情干，两人就讲自己的往事打发时间。豪特曼很有心计，从这个狱友嘴里慢慢套出了通往印度和马鲁古群岛航线的许多秘密，这使他受益匪浅。

啊呀，这可是一笔无形的财富呀。豪特曼出狱后，立刻回国向一个荷兰海外贸易公司报告。这个公司正愁不知道东方航线的具体情况，就派他带队前往马鲁古群岛考察。

1595年，豪特曼率领4艘帆船出发，依靠那位葡萄牙狱友提供的情况，很容易就绕过好望角，横渡印度洋，到达了苏门答腊和爪哇，廉价收购了大量名贵香料带回国。

豪特曼的成功，引起了荷兰人的兴趣。成批的海外贸易公司像雨后春笋般冒出来，共同向东南亚发展，最后联合组织了荷兰东印度公司，赶走了葡萄牙人，牢牢把握了东印度群岛的命脉。

荷兰人仅仅满足于这一片地方吗？

不，欲望是没有止境的。他们在东印度群岛站稳了脚跟后，面对着辽阔的太平洋，又把目光转向这里更加广阔的空间了。

荷兰人进入太平洋，是从两个方向进行的。东印度群岛固然紧紧连接南太平洋，可是距离荷兰本土还是太远了，中间还要经过别的国家的势力范围和一些不安全海区。于是他们又改变一个方向，跟随麦哲伦和德雷克的足迹，从大西洋设法进入这个广阔无边的海洋。

1616年1月29日，荷兰另一个斯考顿船长横越大西洋，绕过南美洲最南端的火地岛，发现了一个山冈耸峙的海角，通过它船只完全不用穿越航道复杂的麦哲伦海峡和德雷克海峡，就可以自由航行进入太平洋了。斯考顿给它命名合恩角。

小档案

合恩角（Cape Horn）的命名来于它的发现者荷兰斯考顿船长，斯考顿用自己家乡的霍恩城（Hoorn）给它命名。对此，英国人不服气地说，德雷克早就发现这个海角了。"Horn"是英语，就是"角"的意思。

与此同时，荷兰人对从西边出发进入太平洋的探察也没有停止。1639年，荷兰东印度群岛总督打听到日本东边有一个"金银岛"，于是接连派遣了两支队伍去寻找。这个子虚乌有的"金银岛"根本就不存在，他们当然白费了功夫。可是弗里斯船长航行到北海道附近时，遇见了大胡子的阿伊努人，之后继续向前进入了陌生的北太平洋海区。

弗里斯在这里穿过一条海峡，又拐进了鄂霍次克海，后来人们就把这条海峡称为弗里斯海峡。此时此刻他已经完全偏离了航向，却误认为自己进入了亚洲和美洲分界的地方，把千岛群岛的一个岛屿当作是美洲大陆的尖端。

弗里斯的探险，带回来一个大胆的新概念，认为在日本以北的地方，有一片广阔的处女地，它很可能是另外一个新大陆，他们将其命名为"耶索之地"。弗里斯的"发现"引起了许多人的兴趣，葡萄牙天文地理学家泰舍尔继续发挥离奇的想象力，居然在一张臆想的地图上，在这里画了另一个"达·迦马之地"，用科幻小说似的手法，填满了北太平洋的空间，害得以后的航海家费了好大的力气，才澄清了事实。

这时候，人们对神秘的太平洋充满了憧憬，人人都渴望自己是哥伦布，能够找到第二个乃至第三个未知的新大陆。

搜寻太平洋心的"北大陆"行动失败了，但冒险家们对"南大陆"的寻找却取得了成功。

"南大陆"，这是自古以来人们一直幻想存在的神秘陆地。早在遥远的古代，人们就曾经想象，既然北半球有辽阔的陆地，南半球必定也有一块同样的大陆。公元 2 世纪的伟大天文学家、地理学家托勒密，就曾经在所绘的地图中，大胆画了一块南方大陆，标志为"Terra Australis Incognita"，古拉丁语的意思是"未知的南方陆地"。世世代代以来，不知多少人千方百计想要找到它。

小档案

澳大利亚（Australia）这个名字，就是从托勒密想象的 Australis 一词变化而来，意思是"南方大陆"。

134

欧洲人进入了南太平洋，自然就开始打听它的消息，一个个跃跃欲试想去发现它。

到"南大陆"最好的跳板，是水道复杂、岛屿密布，岛民有丰富航海经验的东印度群岛。

17世纪初，占领了东印度群岛的荷兰人就依靠地理优势，得到许多有关"南大陆"的信息。

1605年的冬天，荷兰东印度公司派了一个叫扬茨的人，驾驶"小鸽子号"往东探路，航行到一个陌生的海角，事后弄明白，这就是澳大利亚约克角半岛西北部的一个小海角。"南大陆"已经摆在面前了，他们却有眼不识泰山，两手空空地转回来。

就在这一年，西班牙托雷斯船长也发现了伊里安岛和澳大利亚之间的海峡，后来这个海峡被称为托雷斯海峡。其实托雷斯已经看见了澳大利亚，完全可以和扬茨一样，获得首先发现这个神秘的"南大陆"的殊荣。

对"南大陆"的探察紧锣密鼓进行着，人们获得了许多零零星星的成果。

1618年，荷兰海狼号的水手曾经在南纬21° 21'的一个海岸登陆，事后证明这也是澳大利亚的一个地方。

1619年，两个荷兰船长发现了澳大利亚西海岸的一个小半岛。

1622年，列文号帆船发现了澳大利亚西南部的一个海角，后来这个海角被命名为列文角。

一个又一个的发现，虽然还不能完全揭露"南大陆"的总面貌，但是已经可以在海图上勾画出一个大致的轮廓了。荷兰人把这个逐渐清晰的"南大陆"，直接叫作"新荷兰"。

为了最终判明情况，塔斯曼船长奉命去"新荷兰"及其周围调查到底是怎么一回事情。他接连两次从印度洋上的毛里求斯岛基地出海，执行这个重要任务。

1642年，塔斯曼首次出发就有很大的收获，发现了新西兰和塔斯马尼亚岛，以及澳大利亚和东印度群岛之间的许多岛屿。

1644年，他第二次出海，环绕澳大利亚航行一周，证实了它的四周被海洋包围，澳大利亚就是传说中的"南大陆"。

澳大利亚，终于在地图上被正确标绘出来了。

小档案

1722年4月，基督复活节那一天，荷兰洛加文船长在他的环球航行中，来到距离智利海岸大约1500海里的东太平洋上，他发现了一个小岛，将其命名为复活节岛。岛上竖立着许多奇异的大石像，不知是什么时候留下来的，这是一个千古谜题。

【 八 丹皮尔船长和库克船长 】

作为继承西班牙、葡萄牙海上霸业的英国，在太平洋探险上也不会自甘寂寞。除了先前的德雷克，英国航海史上还有两个传奇式的人物。一个是丹皮尔，另一个是库克。

丹皮尔是什么人？

他是海盗、军官、作家。

其实，他最早只是一个普通的水手，1673 年参加海军，被派到西印度群岛服役。服役期满后就留在牙买加岛，给一个种植园当监工。不久又当过伐木工人，后来进入了海盗集团，跟随着一帮海盗在加勒比海上到处抢劫。后来这帮海盗为了躲避官府追捕，横渡大西洋逃到非洲，又绕过南美洲最南端的合恩角进入太平洋，丹皮尔跟着他们干着这个没本钱的行业，四处流窜，袭击过往船只和港口。这些经历大大开阔了他的眼界。

1691 年，丹皮尔回到英国，回忆过去的经历，开始埋头写回忆录了。1697 年他出版了《新环球航行记》，摇身一变，成为受人尊敬的作家。

1699 年，丹皮尔第二次参加了海军。和先前毛头小伙子的时代不同，这一次他依靠丰富的阅历，当上了一艘军舰的舰长。英国海军部考虑到他和别的军官不同，派他重返太平洋，考察当时名叫"新荷兰"的澳大利亚。丹皮尔在考察过程中，发现了一些岛屿和海峡。其中伊里安岛和帝汶岛之间的海峡，后来就以他的名字命名，在航海史上留下了一点痕迹。

1708 年到 1711 年期间，丹皮尔又参加了一支半军事化、半海盗化的探险队，写了他的第三本书。值得注意的是，在这本书里，他记述了一个名叫亚历山大·塞尔盖克的水手，被抛弃在一个荒岛上度过 4 年多漫长生涯的故事。后来脍炙人口的《鲁滨逊漂流记》，就是作家笛福以此为蓝本写出来的。

库克船长有另一番经历。他原本是一个普通的海军中尉，出身十分贫寒。他的传奇故事，是从一次海上天文观察开始的。

1769 年 6 月 3 日，将要发生罕见的金星凌日现象。为了抓住这个珍贵的机会，英国选派库克到太平洋上的塔希提岛进行观察。

在人才济济，特别重视门阀观念的英国海军里，怎么会把这样特殊的任务，交给这个小小的中尉呢？

因为他的海上经验丰富，曾经执行过许多困难任务，以坚忍不拔著称。加上他精通海洋水文和陆地测量，是一个探险型加技术型的多面手，那些士官生出身的贵族纨绔子弟岂能与之相比。

其实，这是一个秘密任务。因为从 1756 年开始的英法七年战争刚刚结束，法国在这场争夺海外殖民地的战争中输了，丢失了北美殖民地，却不甘心就此退出历史舞台，决心在太平洋上重新捞一把。英国看出了它的动向，连忙组织了这支探险队，准备抢先占领一些还没有发现过的岛屿。对传说中的"南方大陆"英国特别感兴趣，打算在那里插一手。这是一个秘密行动，当然不能暴露出来，英国就以观察天文现象为名，派出这支队伍，暗地里和法国竞争。

对这次的出行库克提出的要求也很特别。他甚至提出不用军舰和大型商船，只要一艘普通的运煤船就行了。最后他真的在泰晤士河上挑选了排水量只有 370 吨的三桅帆船"恩德沃尔号"，驾驶着出海了。在这艘貌不惊人的运煤船的掩饰下，库克神不知鬼不觉地进入了太平洋。和法国派出的一艘大型巡洋舰相比，这艘船显得低调得多，也隐秘得多。

库克不辱使命，完成了观察金星凌日后，就驾船笔直驶向南太平洋。他首先对荷兰航海家塔斯曼船长在 1642 年发现的"国会地"进行仔细研究，发现这是由南北两个大岛组成的，并不是真正的"南方大陆"。

这个所谓的"南方大陆"就是新西兰。为记录他的功勋，这里留下了以他的名字命名的库克海峡和库克山。

库克考察的目的是为了占领地盘，他自然没有忘记以大英帝国国王的名义，宣布占领这两个非常重要的岛屿。作为一个殖民主义者，他在新西

位于澳大利亚吉斯伯恩的库克船长雕像

兰也欠下了一笔血债，好像打猎似的，他无故开枪打死了一个毛利人。

离开新西兰后，库克接着到达了塔斯马尼亚岛，以及大堡礁在内的澳大利亚东海岸，沿着海岸仔细考察。他把这片地方命名为新南威尔士。像其他殖民主义者一样可笑，面对着空荡荡的海岸，库克宣布这里属于英国所有，完成了他的"占领手续"。

在穿过危险的大堡礁的时候，这艘内河运煤船触礁，几乎在珊瑚礁中沉没。在这生死攸关的时刻，库克异常沉静，命令把沉重的大炮、枪支、炮弹、铁链，甚至一些珍贵的粮食，统统抛进海里。减轻重量后的船慢慢漂浮起来，船员们将它拖上海滩修补好后重新扬帆前进。

1771年7月12日，库克完成了两年零九个半月的环球航行后回到英

库克船长登陆澳大利亚博特尼湾

国，受到了英雄凯旋般的欢迎。

库克这次航行的收获虽然很大，却还没有找到想象中的"南方大陆"。1772 年 7 月 13 日，英国海军部再次派他深入更远的南方去寻找。

这一次，库克置南太平洋上宛如繁星般的岛群不顾，率领着两艘船越过开阔的洋面，笔直往更加遥远的南方驶去，到达南纬 50°40′ 附近，首次遇见了漂浮的冰山。

1773 年 1 月 17 日，他首次穿过了南极圈，在南纬 67°15′ 的地方，迎面遭遇了一大片银光闪烁的冰障，再也没法往前走一步了，只好下令返航，退回温暖的南太平洋休整，耐心等待南半球的夏天重新来临。其实在这里他也没有闲着，发现了许多大大小小的群岛。其中一个就是以他的名字命名的库克群岛。

1773 年 11 月 26 日，他从新西兰出发，再次向南方浮冰地带冲击，到达了南纬 71°10′，今天叫作阿蒙森海的地方。又由于冰障阻碍，不得不再次退回到南太平洋上巡行，发现了新喀里多尼亚岛。

库克从南太平洋出发，一次次被冰障挡住，于是他决定换一个方向，在南大西洋碰一下运气。

1775 年 1 月，库克第三次向南方冰障冲击，在南纬 54° 附近发现一座岛屿。他宣布占领该岛屿后，用当时英国国王的名字，将其命名为南佐治亚岛。一个月后，他到了南纬 59°13′，再次被冰障挡住，不能往前再迈出一步了。

尽管库克没有真正发现隐藏在冰障背后的"南方大陆"，可是他却到达了当时无人到过的最南边的地方，也非常了不起啊！

新西兰是毛利人的故土，早在 10 世纪就从太平洋上移民到这里了。传说最早有一个名叫库普的毛利人，驾着独木舟来到这儿，远远望见天空中有一片白云，就把它叫作奥特阿诺亚，意思是"白云绵绵的地方"。1642 年 12 月 13 日，荷兰航海家塔斯曼在这里登陆，把它叫作斯塔滕兰德，意思是"我国的地方"，后来又改叫"国会地"，又因为它与荷兰的泽兰的地理环境相似，故取名叫作新泽兰。英国人来后，给它改了一个英语名字，变成新西兰了。

一衣带水的往来

——古代日本航线的故事

　　黄海和东海，中国大陆架上的边缘海，隔开了辽阔的中国大陆和狭隘的日本列岛。浅浅的海水，分开一衣带水的两个国度。千百年来，多少航船冲波破浪来来往往。几多记忆、几多波折、几多梦幻，几多斩不断、解不开、摆不了的情结，说不尽、写不完。

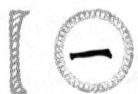

【一 大陆母亲乳汁哺育的婴儿】

一篇日本航线的故事，一个简单而又复杂的话题，千言万语道不尽，该从何处说起？

树有根，水有源。要说清楚这个问题，首先得从日本民族的来源说起。

日本民族是怎么来的？

日本历史学家伊藤道治，在《被唤醒了的古代》中说："中日两国之间的关系，说它是片面地从中国方面的作用，毋宁说是占着大势。包括朝鲜在内，说它们的文化是属于中国文化圈，也是无有不可的。"

另一个日本历史学家八幡一郎在《日本民族》一书里说："由于地理关系，在几千年中，日本人从各方面漂流进来，定居下来，而又经常与其周围各地隔绝，从而不知何时变成了'汞合金'那样的东西。可以相信日本人的源流不一定是一处的，日本人的人种关系和文化系统也不一定是一元的。因此分析日本民族时，应该从人种血统和文化系统方面双管齐下去进行。"

什么是"汞合金"？就是一种混合物。八幡一郎一语道破了日本民族的组成实质。原来日本民族是"从各方面漂流进来"，混合而成的。

日本究竟有没有原住民？

有的，那是旧石器时代的人类。

在日本发现的旧石器不多，古人类化石更加稀少。考古学家仔细比较那儿出土的旧石器，大多和以中国周口店北京人地点为代表的石器相似，具有同源性的特征。这样的石器遗物和一些大型陆地哺乳动物，包括犀、象之类的化石，曾经不止一次在黄海和东海的海底被发现。所有的事实都告诉人们，在第四纪冰期，世界海平面下降的时代，曾经有许多陆生哺乳动物，徜徉在海底平原上。有的穿过海底平原，到达了彼岸日本。手持简陋的石斧的原始人，势必也追随猎物进入了日本列岛。这是来自大陆的最早的"移民"，也是日本列岛最早的来客。日本最古老的人类种子，来自近旁的大陆，已经是不争的事实。

日本人的祖先只是这些在冰期时代，顺着海底平原走过来的原始人吗？

不，这些原始人很少，往后一批批到达的迟到者，才是日本人的主体。

一个不能抹煞的事实是，最早出现在日本历史舞台上的，是从北方来的阿伊努人。

阿伊努人来自北方千岛群岛和虾夷岛，所以又叫虾夷。

虾夷岛在哪儿？就是今天的北海道呀！尽管他们的原住地距离日本本土很近，仅仅相隔一条条非常狭窄的海峡，可是也毕竟存在着渡海的问题。好在他们生活在海边，早就掌握了出海打渔的本领，凭着一只只小小的木船，就能渡过一条又一条海峡，顺利登上日本列岛的主体——本州岛的海岸。这里稍微暖和些，他们就在这里住下来，开始了渔猎采集生活，成为日本绳文时代真正的主人。不消说，他们的文化水平很低，日子也过得可怜巴巴的。

到了绳文时代末期，从海上又来了另一些外来者。

这是殷王朝无情杀害东夷，也是紧接着的周王朝同样无情驱赶殷商遗民，这些人被逼着出海逃亡的结果。

他们也是中国春秋战国乱世，冒险浮海而来的逃亡者。翻开古书倾听"齐东野人之语"，就能找到根据。连孔老夫子也说："道不行，乘桴浮于海。"

这话是什么意思？就是在无法生活下去的乱世里，干脆乘船一走了之。

从齐鲁之地"乘桴浮于海"，能够到达什么地方？只有一水之隔的日本。

喂，朋友，请你想一想。在当时的条件下，冲涛破浪"浮于海"多么艰险，不知有多少人成为牺牲品。能够前赴后继到达日本的，没准儿只是其中的少数幸运儿。如果能够把他们的经历全都写出来，该是一个个多么扣人心弦的航海故事。

噢，继虾夷人之后，从海上来到日本的，原来是一批又一批中国内陆的移民呀。

中国移民仅仅来自山东半岛和北方各地吗？

那才不见得呢。在那烽火连天的战乱岁月里，整个漫长的中国海岸线，几乎都是出海外逃的场地。南方的吴越和北方的齐国一样，都是擅长造船的"海国"。一旦在本土站不住脚，自然会想到驾船远走高飞。难怪古书记载："倭人自称吴太伯之后"，或者"夏后太康之后"了。请看，"吴太伯"在中国南方的长江流域，"夏后太康"在中国北方的黄河流域，包括中国南方和北方人。

考古发掘，揭露了一个事实。这时候的外来者，主要集中在日本西南部的九州岛，然后慢慢向北发展，战胜了落后的虾夷，成为日本列岛的新主人。

试问，这些种水稻的人群是从哪儿冒出来的？

是日本本土固有的人群吗？

当然不是的！

是从遥远的南洋漂流来的吗？

当然不能完全排除这个可能性。可是稍微有一丁点儿地理概念的人都能做出结论，即使有来自那些地方的，绝对不可能成为海上移民的主流。舍近求远寻找根源，无论如何也说不通。

从种植水稻的习惯和九州岛的地理位置，不能不想到这是与日本仅仅一水之隔的吴越地方的特征。

进入 19 世纪后期的明治天皇时代，西方殖民主义列强向日本伸出了魔掌。1853 年，美国炮舰两次闯进江户湾，也就是今天的东京湾，强迫日本开港通商。西方别的殖民主义国家跟着闯进来，逼迫日本签订了许多不平等条约和关税协定。闭关自守的封建日本被打破了，睁开眼睛一看，忽然发现还有一个让人更加眼花缭乱的广阔世界。

瞧见西方列强比当时的中国更加强大，日本立刻就掉转身子，一心一意向西方学习，进行了"明治维新"，开始了日本迅速发展的新阶段。

时间继续向前，进入了往后的大正及昭和时期，日本已经羽翼丰满，诞生了军国主义的温床，跻身帝国主义的行列了。

此时，一些军国主义的御用学者开始宣传日本人种纯血统论。认为石器时代以来，日本就遍布单一的人种，和外来者没有任何关系。还认为周边的朝鲜、中国台湾也包括在日本民族之内，为"八纮一宇"的侵略政策找理论根据。真是一派胡言乱语。

在这本航海的故事里，说了这么老半天日本人的根源问题，是不是有些离题了？

不，一点也没有偏离航海的话题。因为日本航线最早的开辟者，就是那些一代代冒着风浪危险，从四面八方乘船过海，特别是从中国大陆和朝鲜半岛来的移民。漫长的海上移民过程，岂不就是一段航海的历史吗？

小档案

　　日本历史简介：史前时代（公元前 660 年—593 年），飞鸟时代（593 年—709 年），奈良时代（710 年—794 年），平安时代（794 年—1191 年），镰仓幕府时代（1192 年—1333 年），南北朝时代（1336 年—1392 年），室町幕府和战国时期（1467 年—1573 年），安土桃山时代（1573 年—1603 年），江户幕府时代（1603 年—1867 年），近代日本（1867 年以来）。

【 二 秦始皇和蓬莱仙岛 】

蓬莱，一个真实而神奇的地方。

蓬莱，一个充满了幻想的地方。

蓬莱有一个美丽的传说，爷爷讲给孙子听。孙子老了，又讲给自己的小孙子听。世世代代流传，没有人不知道。生活在这儿的人，没有人怀疑这传说。经过一代代加油添醋，这个传说越传越离奇。不管是谁听了，都会被搔得心儿痒痒的，巴不得能到那个传奇的地方，满足自己的好奇心。

据说在遥远的大海烟波里，浮沉着三座可望而不可即的仙岛。

有人说，那是四季常春，不分冬夏的地方。鲜花四季开放，永远阳光灿烂，人间哪有这样美丽的仙境？

有人说，岛上高高低低的房屋，哪怕是一个小棚子，全都是黄金白银建造的，胜过人间所有帝王的宫殿。树上挂满了珍珠，草叶上缀满了闪闪发光的宝石，遍地都是奇花异果，人间哪有这样富丽堂皇的国度？

有人说，那是神仙的住所，真正的极乐世界。童颜鹤发的神仙不知有几百几千岁，没有疾病和痛苦的折磨，衰老和死亡与他们压根儿就沾不上边。人人悠闲自在，过着没有忧愁和烦恼、无忧无虑的日子。

外来者不相信，会问："这是真的吗？是不是瞎编出来的故事？"

啊，这可不是虚妄的神话，而是实实在在的东西。这几个仙岛常常在海上出现，显露出隐隐约约的影子，有运气的人都能看见。常言道，眼见为实。古时候的人没有弯来弯去的肠子，只要自己看一眼，就不会不信了。

瞧呀，模模糊糊的岛影里，可以分辨出亭台楼阁和城墙树林的轮廓，那就是海上神仙居住的地方呀！可惜的是一幅幅诱人的图景只显现一会儿，转眼就消失得一干二净，不让人们多看一眼，更加不许人们冒昧探访了。有人怀着好奇心，划船出海去寻找。划呀，划呀，眼看那几个神秘的仙岛就在前方，似乎马上就要划到跟前了，却一下子在空气里消失了踪影。面前一派海天茫茫，耳畔只有一阵阵波浪的回响，哪有仙岛的影子？

蓬莱仙岛的故事越传越远，越传越离奇，从海边传到四面八方，一直传进了秦始皇的耳朵里。

秦始皇统一六国，威震八方，谁听见他的名字都吓得发抖，世间还有谁有他这样的权威？

人们怕秦始皇，秦始皇怕死。

怕死，是号称"千古一帝"的秦始皇最大的心病。

于是他就养了一帮装神弄鬼的方士，打造起炉子炼丹，妄图制造"长生不老药"。方士们摸透了他的心理，像《皇帝的新衣》里的骗子一样，装模作样糊弄一阵，当然炼不出一颗可以让人不死的灵丹妙药。

秦始皇，表面上威风凛凛，内心里却隐藏着说不出的苦恼，只好带领着浩浩荡荡的随从队伍，驾着御用马车四处巡游，视察自己刚刚征服的辽阔领土，用这样的办法来排遣苦闷。

啊呀！他的运气真好得不得了。他来到蓬莱海边，竟抬起头来就看见了那几个难得一见的海上仙岛的影子。

他感到稀奇，问身边"饱学"的方士，那是什么地方？拍马屁的大臣

和方士连忙一五一十告诉他，那里是神仙居住的仙岛，那里就有长生不老药。

秦始皇一听，心中不由大喜，接着打听那几座仙岛叫什么名字。方士也不知道那是什么地方，忽然瞧见海水里随波逐流漂浮着一些蓬蒿草，灵机一动就顺口回答："那是蓬莱仙岛呀！"据说，蓬莱的名字就这样来了。

秦始皇听了蓬莱仙岛的故事，心中念念不忘，立刻就决定派人出海，寻找朝思暮想的长生不老药。这个任务不消说首先就落在身边的方士们的身上了。说大话的方士们傻了眼，谁也不敢去冒险，这件事就泡了汤。

秦始皇到底是到了这里才知道蓬莱仙岛，还是听说了这回事才来看的？还有另一个传说的版本。这个说法出自大历史学家司马迁的《史记》，想来比先前的传说可靠得多。

据《史记》记载，那帮骗人的方士折腾了很久，也造不出一颗长生不老药，秦始皇心里正闷闷不乐，忽然来了一个叫徐市，又叫徐福的人，上书禀报海上有仙山，自告奋勇去寻找长生不老药、海上仙山。于是秦始皇才知道蓬莱仙岛，才去远远瞭望，就有了一段神秘而真实的故事……

小档案

徐福，又名徐市，字君房。《史记·秦始皇本纪》："齐人徐市等上书，言海中有三神山，名曰蓬莱、方丈、瀛洲，仙人居之。请得斋戒，与童男女求之。于是遣徐市发童男女数千人入海求仙人。"

《列子·汤问》："渤海之东有五山焉。一曰岱舆，二曰员峤，三曰方壶，四曰瀛洲，五曰蓬莱"。早在秦始皇以前，就有海上仙山的传说了。

【三】 徐福演绎"特区故事"

徐福找到了长生不老药吗？

不，不久他出海后归来，向秦始皇报告说："我带的礼物太少了，海上的神仙只让我看了一眼长生不老药，不肯给我。如果多送一些礼物，就能让我带回来了。"又说："海上有大鲛鱼，必须有弓箭手保护船队才好。"

秦始皇一心巴望长生不老药，御笔一批，就满足了他的要求。

徐福要送什么礼物给海上神仙？

在他开列的长长的礼品单上，没有什么金银珠宝，却要带三千童男童女，各种能工巧匠，外加各种工具和五谷粮食种子。由一支神箭手组成的保护队伍，徐福的队伍浩浩荡荡出发了。聪明绝顶的秦始皇也不想一想，海上神仙要这些"礼物"干什么？

徐福这一去，从此就再也没有回来。秦始皇眼巴巴盼望着，最后完全落了空。

徐福为什么消失得无影无踪？

他在海上遇着风浪，葬身鱼腹了吗？

不可能啊。

试问，三千童男童女加上许多工匠和卫队，要乘坐多少船？一艘船在风浪里遇险沉没了还好说，整整一支船队全都遭遇了不幸就不可理解了。

他是一个大骗子，欺骗了秦始皇，不敢回来吗？

也不是的。

试问，他带的不是金银财宝，而是许多活生生的人。他发疯了吗？骗来这样一大群人干什么？就算这些人不反抗，他也得要管吃管喝，岂不是傻子吗？

这也不是，那也不是，徐福那样积极要求出海，到底是怎么一回事？这要从他的真实目的说起。

徐福为什么冒险出海，真的是寻找长生不老药？

不，我们完全有理由相信，这完全是一个欺骗秦始皇的幌子。让我们做一次福尔摩斯，从他开列的"礼品单"分析吧。

三千童男童女是未来的劳动力。男女搭配齐全，有利于繁殖后代。

各种各样的工匠，是提供生产技术的好手。工具和粮食种子，是最基本的生产资料，足以保证在海外开天辟地，一代代长期生存下去。

武艺高强的弓箭手，不消说是安全的有力保障。

这哪是什么送给神仙的礼物，倒像是一支存心到海外异方开辟新天地的队伍。骗了秦始皇的徐福，就是这支"拓荒队"的领导者。聪明的徐福利用秦始皇的心理弱点，轻轻松松就出了海，比那些慌里慌张划着小小的舢板，冒险外逃的人不知高明多少倍。

原来在秦始皇武力统一天下后，六国的遗民为了逃避秦始皇的暴政，纷纷冒险逃亡出海，想到海外寻找一个安身的地方。宁愿死在海上风浪里，也不愿忍受暴虐的统治，任人宰割。沿海逃亡的情况越来越严重，秦始皇下令封闭海防，严厉禁止老百姓出海。徐福一个人要想逃亡，也许还有可能。可是他孤单单一个人逃出去，怎么能在异乡站住脚呢？

看来他是一个很有远见，也很有心计的人。得到秦始皇的恩准，徐福第一次出海摸清了外面的情况。第二次他就以向神仙献礼为名，向秦始皇狮子大开口，做好人员和物质准备，然后大摇大摆带队逃出牢笼远走高飞了。请问，古往今来还有别的逃亡者有他这样精明吗？

话说到这里，人们不禁会问：徐福骗得了秦始皇，还骗得了带走的众多童男童女和有头脑的工匠、武士们吗？特别是那些武士，想必都是百里挑一的，在秦始皇眼里是一个个根红苗正，绝对服从，指哪打哪的忠诚战士，怎么可能听徐福的话，乖乖地跟随他逃跑，做出背叛主子的事情呢？秦始皇也不是大傻瓜，派遣这帮武士跟随徐福出海，想来除了"保护"的职责，没准儿还有监视的特殊任务吧。要不，他怎么那样大方就放走了徐福？

三千童男童女是毛孩子好说，工匠们也好说，那些以服从为天职的武士们可能就不太好说了吧？

不，秦始皇千算万算，算不了武士内心深处的秘密。这正应了一句古话：机关算尽，反倒误了卿卿性命。他忘记了这些武士也是血肉之躯，不是铁皮打造的机器人。他的种种残暴手段，不可能不在这些武士的心灵深处，留下一块块难以抹去的疤痕。聪明的徐福难道不会好好启发他们一番吗？何况一旦登上徐福的"贼船"，走上逃亡之路，即使安全归来也会蒙受猜疑。专制王朝绝不会对任何怀疑对象仁慈，弄不好来一个"活埋""腰斩""五马分尸"之类的刑罚，自己后悔也来不及了。倒不如老老实实跟定了徐福，做一个自由人好得多。

徐福出海到了什么地方？

现在经过充分考证，这个问题已经非常清楚了。起初他带队漂流到朝鲜半岛西南部的马韩地方，后来又在半岛东南部——偏僻的辰韩地方开发建设，最后辗转渡海到了日本。

徐福带领这一大帮人到了朝鲜半岛，怎么过日子？从《后汉书·东夷列传·韩传》中可以找到一些蛛丝马迹。书里记载说："辰韩耆老自言，秦之亡人避苦役，适韩国，马韩割东界与之。其名国为邦，弓为弧，贼为寇，行酒为行觞，相呼为徒，有似秦音，故或名之为秦韩。"

从这段话里可以看出，那时候有一大批为了躲避秦始皇暴政的逃亡者，从中国逃跑到朝鲜半岛。那时候的马韩分裂为五十多个小国，谁也惹不起他们，干脆协商，专门划一块地方，好像"特区"似的让他们开发居住。这些逃亡者的口音特别，是中国的"秦音"，显然都是中国北方人。因此这个在马韩境内的"国中之国"的"中国特区"，就被叫作"秦韩"。在这些生产技术先进的中国逃亡者的开发下，这里被建设得红红火火，演绎了一段两千多年前的"特区"故事。

请问，这些人是谁？当时的中国逃亡者虽然很多，可是马韩政府会不会如此重视，专门圈划出一块地方让他们居留呢？对待那些零零星星的逃亡者，出于人道主义收留下来，不遣送回国就是最大的恩典了，绝对不可能专门割地让权，让他们占地为王自成一统。只有实力强大的逃亡集团，才可能赢得这样的尊敬和畏惧。根据历史记载，那时候除了徐福带领的三千童男童女和众多号称"百工"的工匠、战无不胜的神箭武士，哪还有别的逃亡集团有这样严密的组织，具有这样的威慑力量？事实让我们做出一个推想——徐福就是那个马韩国内"秦韩特区"的开辟者。

不光是《后汉书》里有此记录，在另外两本权威性的历史著作《魏略》和《三国志》里，也有同样的记述。所有这些材料都来源于起自东汉明帝

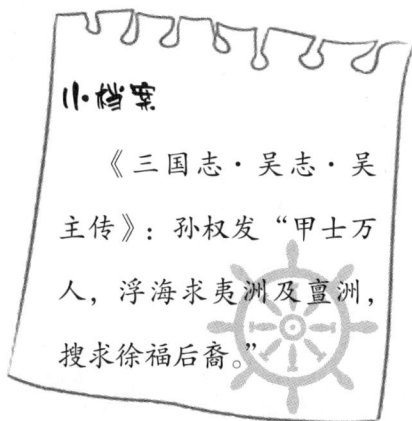

时期，完成于灵帝时期，另一本洋洋巨著《东观汉记》。参与编写这本书的有班固、蔡邕等好几十个大学问家，这本书一点也不比司马迁的《史记》差。

你不信吗？抛开这一段暂且不说，再看徐福离开马韩和辰韩，到达日本后的故事吧。

徐福在辰韩住得好好的，为什么抛开这个建设得好好的"秦韩特区"，继续向东漂流到日本？

请别忘记了逃亡者的心理。朝鲜半岛和中国山水相连，秦始皇暴政留下的噩梦还没有消散，谁知道大秦帝国的铁甲骑兵和四马拖拉的战车，什么时候会横扫到这里？他们曾经身受过统一六国的那次"横扫"，可不愿刚刚过了几年再来一次。何况徐福骗了秦始皇，有足可诛灭九族的"欺君大罪"，心中惶惶恐恐，没有一天安宁的日子，当然逃跑得越远越好。他在辰韩打听到东边海外还有一个避难所，四周大海包围，没有一条陆路和大陆相通后，不消说就会抛弃一切，再次踏上新的逃亡道路了。

徐福从辰韩出发，渡过对马海峡，在日本的伊纪半岛熊野浦地方登陆。日本学术界经过仔细考证，到了17世纪的日本德川时代，已经普遍接受了上面这个说法。

徐福有开辟"秦韩特区"的经验，可不是赤手空拳闯东瀛。他指挥手下人各就各位，使用渡海带米的谷物种子在这里播种耕作，过着安静的田园生活。不消说，徐福的到来，也给日本带来了福音。徐福手下的"百工"起了作用。善良的中国逃亡者教会了当地人怎么种庄稼，以及种种生产技

术，大大改进了日本的生产力，提高了生活水平。

话说到这里，需要插一句话。在强秦征服六国的战国末期，到处烽烟滚滚，民不聊生，无数六国难民四处逃亡。秦始皇一统天下后，暴虐统治压迫得老百姓喘不过气，也有许多人不顾一切踏上逃亡的道路。所以翻看历史记录，才有那样多的"秦之亡人"逃跑到朝鲜半岛，也有人比徐福更早漂洋越海来到了日本。尽管许多难民船不幸被风波吞没，却总有一些幸运儿侥幸到达彼岸，也带去了先进的中国文明火种。特别是江淮一带原来的吴越和楚国难民，从南边的另一条路线，漂过东海到达日本九州岛一带。其中有的来自秦始皇征服六国的战乱中，时间略微比徐福早些。从某种意义来说，徐福只不过是一个迟到者而已。可是徐福集团的力量更大，有严密的组织和系统开发计划，加上有准备的大规模"百工"技术骨干，有童男童女后备力量以及一支强悍的武装，不消说，比那些默默无闻的先行者的影响大得多，自然成为当时所有中国逃亡者的代表，最终成为神话式的人物。

徐福啊徐福，一个传奇的逃亡者，在日本竟被当成了神。

不管徐福是不是"神武天皇"和"天孙"，他在日本人的心目中也无比神圣。传说中他的一些遗迹，被当作是神圣的事物保留下来。直到今天，日本一些地方还有徐福墓、徐福祠和别的纪念物呢。

你不信吗？请看日本和歌山县政府编印的《和歌山史迹名新志》吧，里面清清楚楚记录着："秦徐福墓在新宫町，墓前有一石碑，碑面刻有'秦徐福之墓'五字，相传为李梅溪所书。据传，昔秦始皇帝时，徐福率童男女五百人，携带五谷种和农具，东渡日本，在熊野浦登陆，从事耕作，用以养育童男女。其子孙终成熊野之长，度其安乐之日"。这本书又说："徐福所求不老长生药之地蓬莱山，离此不过三丁。树木苍绿繁茂，形如盆，自成仙境之观。"这不是网上的马路新闻，而是日本地方政府恭恭敬敬记录下来的。官方正式发布的文字，还会有假吗？

请注意，徐福和三千童男童女的子孙，在这里牢牢站稳了脚跟，终于成为"熊野之长"。这应该是徐福带来的中国先进文明压倒了一切，在日本开辟的另一个"熊野特区"吧？

"熊野特区"和"秦韩特区"不一样。后者是马韩政府专门划给中国逃亡者居住的区域，好比是一块"租界"。前者却是和日本当地人完全融合在一起，深深渗透进当时当地日本文化的每一个细胞里，所以才有熊野地方"之长"的说法。什么是"之长"？就是熊野当地人民拥护的领导人呀！

徐福的功德无量，日本人永世难忘。日本有的地方成立了徐福会，每年都要举行"徐福墓前祭"向他顶礼膜拜，永远也不忘记他的大恩大德。

日本为什么这样尊敬徐福？因为他来得正是时候。

根据考证，徐福出海东渡的时间，大约是公元前 210 年。在他到达日本之后，日本就完成了从原始落后的绳文时代向初级农业文明的弥生时代的过渡，形成一个前所未有的文明飞跃，这可不是偶然的现象。

绳文时代是怎么一回事？那是一个遥远的传说，没有书写的历史，所有的往事只能从一些出土文物推断。

小档案

松下见林《异称日本传》："夷洲、亶洲均指日本列岛，相传纪伊国熊也山下飞鸟之地有徐福之坟。"

那时候的日本人只能用低温烧制粗糙的陶器，外面布满了草绳纹路，所以叫作"绳文文化"。那时候日本人只能打猎捕鱼，采摘野果子吃，压根儿就不会种庄稼，还处于没有开化的原始人时期。

弥生时代又称弥生土器时代。用中国历史来比照，它大约开始于中国的战国末期，直到西晋时代，延续了五六百年。战国末期和秦始皇暴政统治时期，来自中国的大批逃亡者，对转变日本人的生活方式，启动这个新时代，起了巨大的推动作用。日本人说的"土器"就是陶器。从这个时候开始，日本人不再像原始人一样抓兔子、打鱼、摘野果子吃了。在中国逃亡者的帮助下，他们学会了种庄稼，也可以捧着一个稍微好些的陶土饭碗吃饭啦。这时候日本一步就迈进了农业社会，绽露了日本文明的曙光，人民生活自然大大前进了一步。

请注意，从落后的绳文时代向进步的弥生时代的转变，不是缓慢过渡的，而是一下子就飞跃完成了。如果没有突然出现的外来因素，简直无法想象。日本历史承认，这是外来的"渡来人"，教会当地日本人的功劳。翻开日本历史看，这样的"渡来人"从中国大陆和朝鲜半岛一批批到来，总人数很多。后来他们慢慢融入日本民族，

小档案

"渡来人"，又称"归化人"，指从四面八方乘船到达日本的海上移民。

成为古时日本人最重要的骨干成分。以徐福为代表的"渡来人"，带来了先进的中国文化，对改造落后的日本绳文文化，有不可磨灭的作用。日本人非常感激徐福，把他奉为神明就不难理解了。

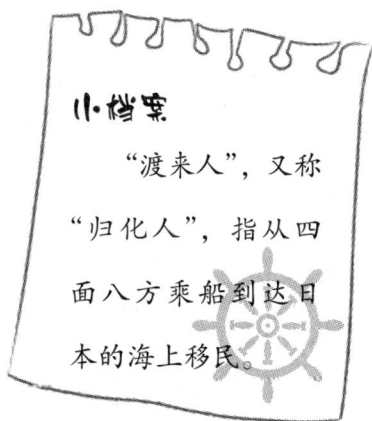

话说到这里，人们不禁会问，徐福带来的三千童男童女，还有什么下

文吗？

噢，这还消多说吗？徐福早就有繁殖后代、长期扎根的计划，所以才阴阳相配、雌雄成双，把童男童女的数目搭配得这样妥当。这三千童男童女结合后，生下的后裔一代代繁衍生息，在当时人口稀少的日本，没有开化的人群中，滴进了多少中国血液成分。说这些出生在先进中国大陆的孩子们，是日本人的祖先中最优秀的一部分，一点也不过分。

这话是写书的老头儿说的吗？不，日本人自己也这样说呢。一个名叫喜田贞吉的日本历史学家，在《铜铎考——秦人考别编》中说，日本社会从绳文文化向弥生文化过渡的时候，外来的"优秀民族"，帮助了当地的民族。白纸黑字写得清清楚楚的。这个人数众多的外来"优秀民族"的代表是谁？很可能就是徐福带来的三千童男童女和各种各样的能工巧匠。日本打从那样遥远的时代起，就吸吮了中国文明的乳汁，难怪日本人这样感谢徐福呀！

（四）日本九州高祖城

发生在战国末期和暴虐的秦始皇统治时代的移民潮，不是中国向日本的唯一的一次海上移民潮。往后的历史中，还有多次同样的大规模海上移民事件。许多难民九死一生漂泊过海，留下了多少惊心动魄的故事。无数不知名的难民葬身鱼腹，湮灭在历史的浪花之中。请接着再听一个和徐福集团同样的海上逃亡故事吧。

古代中国经过了汉代长期稳定的时期，到了三国、两晋南北朝时期，重新发生战乱，社会很不稳定，许多受难的老百姓又开始了向日本的第二次大移民。这其中有平民老百姓，也有出身高贵的达官贵人。甚至一些昔日的皇族不顾海上风波险恶，也加入了这次移民潮。

不信吗？请看一个秘密档案。

汉朝皇室的一支，就是这次海上移民潮的代表。

中国人谁没有看过《三国演义》？书中的那个汉家末代皇帝汉献帝刘协，在曹操的胳肢窝里过日子，受尽了侮辱和欺凌。公元222年刘协被曹丕篡位后，被赶到京城以外居住，时时刻刻受人监视，日子更加不好过。45年后，司马懿的孙子司马炎又篡了曹家的皇位，演绎了另一段逼宫故事。这时候刘协的玄孙阿知住在山阳邑（今天河南省焦作市以东），眼见司马家比曹家更加凶狠，心里不免有些打鼓，于是悄悄和身边的家臣商议："我

163

们久住在这里，恐怕难免杀身之祸，趁早逃跑是上策。"

这时的司马家族已经扫除了魏、蜀、吴三国，一统天下了，逃到哪里去呢？他们商量来商量去，觉得只有趁司马氏刚刚建国，朝内朝外大事还多，还来不及清理到他们这些前朝皇族的时候，抓紧时机赶快冒险外逃才好。他们听说东海外有一个日本岛国，隔着大海，司马氏鞭长莫及，就决定逃亡到那里避难。商议好了，为避免夜长梦多，一行人立刻动身出发。

这一次是偷越国境的大行动，只许成功，不许失败。一旦自己逃跑了，惊动了司马家，必定会牵连九族。阿知下了狠心，决定不留一个亲人在国内，于是带领了一大帮人集体外逃。其中包括他的儿子都贺和舅舅、兄弟、侄子、亲信随从等，总共2000多人，规模不亚于秦代的徐福集团。唯一不同的是，这次逃亡的人全都是他的家族亲信，大家抱成一团，更有凝聚力，根本就不用顾虑谁会吃里扒外产生二心，所以是一次典型的家族式大逃亡。历史上整个家族外逃的很多，规模能够达到这样庞大，也是绝无仅有吧？从这一点来说，这次行动也该在中日航海史上好好记上一笔。

阿知带领大家悄悄逃跑到东海边，然后安排了一支船队，扬起船帆直往东方日本驶去。这一年是西晋武帝太康十年（公元289年），距离徐福东渡日本整整500年，是一个被历史淡忘的重要日子。

这次航行十分顺利，他们冲破了层层波浪，终于到达日本，在彼岸九州岛登陆，定居在今天的奈良县境内，当时的大和国高市郡桧村前地方。这一年是日本应神天皇二十年，一下子来了一个中国皇族集团，在日本也是一个值得纪念的日子。应神天皇听说中国汉朝皇帝的后裔来了，心中非常高兴，连忙赐封阿知为"东汉使主"。这个封号里有昔日汉家的名号，标志着磨灭不了的皇家徽记。其中又有"使者"和"君主"的含意，真是再恰当也没有了。这一支汉家皇族后裔在日本所受到的礼遇，就可想而知了。

阿知集团对日本的贡献，一点也不比徐福集团差半分。他的儿子都贺带去了中国的先进纺织技术，被尊称为都贺王。

到了公元十世纪，朱雀天皇在位的时候，阿知的后裔，汉高祖刘邦的第四十五代孙春实将军，由于平定日本国内叛乱立下大功，被天皇授予征西将军，赏赐锦缎御旗、遮阳蒲团扇等象征高贵地位的用品，成为少有的外来贵族。只是这样还不够，天皇又让他统管筑前、丰前、肥前、壹岐、对马五个诸侯国，对其恩宠胜过朝内外许多大臣。春实真是威风十足，活像往昔的汉家大将重现人间。

阿知的子孙凭着自己的力量，在日本赢得很高的地位，所以历代天皇都赐姓给他们。

他们本来就姓刘，还要什么日本姓氏？

不，古时候在日本有姓和没有姓大不相同。当时只有贵族才有姓氏，普通老百姓是没有姓的。日本古代的姓氏，是身份高贵的象征，万万不可少的。何况入境随俗，也是自然的事情。

公元 372 年，中国东晋简文帝咸安二年，日本仁德天皇六十年，阿知后代的一支被赐姓坂上。公元 471 年，中国南朝宋明帝泰始七年，日本雄略天皇十六年，阿知后代中的另一支被赐姓大藏。

当年威风凛凛的春实将军的后代，在九州原田地方修筑城堡居住。到了公元 1131 年，中国南宋高宗绍兴元年，日本崇德天皇天承元年，春实的后代正式以原田为姓，流传至今。

阿知的子孙为日本做出了巨大的贡献，日本人像怀念徐福一样永远怀念他们。在九州岛的桧前村和冈山县，日本人修建了纪念阿知的阿知官，在大孤市北池田町建立了纪念都贺王的绫织吴织神社。甚至在福冈县粗屋郡的若杉山顶上，他们还恭恭敬敬地修建了纪念汉高祖刘邦的太祖官。福冈县系岛郡另一个山上有高祖城。山下的村庄也叫作高祖村。

原田家族没有忘记自己的祖先，家谱里把这一切的来龙去脉记得一清二楚，家族墓地里至今还在祭祀象征汉高祖的"金龙"呢。为了寻根，1994 年一个叫原田的老人还专门带领家人，来到刘邦的故里祭祖，寻觅自己的根，回忆往昔汉家皇室的光荣。

噢，这一页航海故事被人们忘却了。可是历史毕竟是历史，总会有人记得的。从日本来的原田老头儿，岂不就是其中的一个吗？他总算没有数典忘祖，没有忘记自己身体内流淌着中国的血液，这是何等光荣！

小档案

一些日本古人类学家和考古学家，认为中国广西出土的著名"柳江人"化石，是日本古人类的一个始祖。1994 年 9 月在柳州召开的"中日古人类与史前文化渊源关系国际学术研讨会"上，笔者当时跟随贾兰坡院士，和周国兴教授一起主持会议时，几个日本教授亲自向我们表达了这个看法。

〖五〗 鉴真东渡日本

这里是"日本文化之乡"，这里是日本人的"精神之源"。

请问，这是什么地方，在日本人的眼睛里这样神圣崇高？

这是日本的古都奈良呀！

奈良是日本的灵魂，聚集着日本文化的精髓。如果我们说东京是日本的"头脑"，奈良就是日本的"心脏"，这一点也不过分。

在这个日本的"心脏"里，有一颗"心脏"里的"心脏"。

它是古老的唐招提寺。

为什么叫唐招提寺？

因为它和大唐帝国有关系。

在这个"心脏"里的"心脏"里，还有一个更加重要的"心脏"。

那是一尊面目慈祥的老和尚的塑像，老和尚紧闭双目盘腿坐在大殿里，好像刚刚睡着，也像是在参禅，谁

小档案

奈良时代——日本文明时代的开始。其紧接飞鸟时代，时间从公元710到794年，相当于中国唐中宗景龙四年至唐德宗贞元十年。此时，日本迁都至平城京（奈良），深入学习中国，彻底照搬中国模式。

也不敢打扰他。殿内静悄悄的，没有一丁点儿声响。空气仿佛也经过了仔细过滤，显得特别洁净，不染一丁点儿灰尘。日本人小心翼翼保护着这座塑像，每年只开放三天给外界参观。

他是谁，为什么日本人这样尊敬他？

他是中国唐代高僧鉴真，就是这座唐招提寺的设计者和建筑师。

这座寺庙外观十分庄严肃穆。经历了漫长的1200多年的历史，无数次地震和许多自然灾害的考验，至今还保存得好好的，被当成是日本的"国宝"，奈良古城的象征和崇高无上的灵魂。不消说，在这个"国宝级"的寺庙里，鉴真的塑像就是"国宝"中的"国宝"了。啊，鉴真，说起他，就引出了一段慈爱无私和百折不挠的航海故事。

鉴真是扬州人，俗姓淳于，14岁就出家，云游四方认真学习，终于成为一代佛学大师。还需要一提的是，他不仅精通佛法，在医学、建筑等许多学科上也有很高的造诣，是一位名副其实的大博士。

话说到这里，人们会问，鉴真这个扬州和尚，怎么会和日本扯上关系，在奈良的唐招提寺里留下塑像，受到日本人世世代代敬仰呢？

说来道理很简单。那是日本全面学习中国的时代。彼时的日本对中国崇拜得五体投地，觉得只是派留学生到中国当徒弟还不够，还得把中国师父请进来才对。于是就有荣睿、普照两个日本和尚专门来到扬州，恳求鉴真大师到日本讲学说法一事。

日本在什么地方？

那是在烟波浩渺的东海之外，当时还被视为化外的偏远角落啊。到那里去不仅要放弃舒适的生活，离开扬州本地佛寺和学识渊博的师尊，还要在海上风浪里用生命赌博。而且谁都心里明白，到日本不容易，返回更加不易。这一去就是生离死别，甭想再回来。如此，岂不等同于和眼前的世界彻底告别吗？

鉴真门下有弟子4万多，高徒35人。他问身边的弟子们："你们谁愿意去？"

弟子们面面相觑，谁也不愿意冒着风浪危险，到那样遥远、那样落后的地方去传教。

鉴真叹了一口气说："为了弘扬佛法，何必可惜性命？你们不去，我自己去吧。"

是啊，佛法有云："我不下地狱，谁下地狱？"昔日佛祖慈悲，可以舍身饲虎。如今要宣扬佛法，普度化外日本众生，就应该具有这样的舍身忘我的大无畏精神才对。

他这样一说，旁边的弟子们深深感动，立刻就有二十几个人站起来，愿意跟随他一起到日本去。

这一年是唐玄宗天宝元年（公元742年）。从这一天开始，鉴真就一心一意积极投入东渡日本的计划中。常言道好事多磨，鉴真东渡之事遇到了前所未有的阻力和困难。

首先反对的是家乡的老百姓，他们听说鉴真大师要走，立刻群起反对。留住鉴真大师，成为扬州地方父老乡亲的共同心声。

其次是官府干涉。鉴真的徒弟由于意见不合，竟有人悄悄向官府报告，诬告预定跟随鉴真同行的另一个人意图出海和海盗勾结。官府立刻出面阻拦，没收了准备东渡的船只和一切装备。第一次出海计划化为泡影。

第二年，鉴真拿出自己的全部积蓄购买船只、粮食，又招聘了各种工匠，重新准备东渡。船从扬州出发，刚刚驶到今天南通的狼山附近，就遇到飓风袭击，船体破损不能航行。好不容易修补好了继续前进，在海上又触礁沉没。一些同行者淹死了，鉴真带领剩余的100多人登上一个无名荒岛，多亏渔民救助才回到明州（今天的宁波）。

第三年，鉴真先到越州、杭州、湖州巡游讲法，准备第三次出海。不料当地寺庙和尚为了留住他，向官府诬告日本和尚企图哄骗鉴真大师到日本。官府扣压了同行的日本和尚，这次计划又失败了。

第四次，鉴真先派弟子到福州买船，准备出海装备。自己以南下拜佛为名，悄悄离开故乡，到福州集合出海。哪知留守扬州的弟子灵祐不愿他远行，竟向官府报告鉴真的行踪，请求官府阻挡他出海。鉴真又被阻挡不能实现计划，心中十分懊恼。回到扬州他狠狠责备了灵祐一顿。灵祐也知道自己错了，为了表示悔过，每天夜里站在鉴真房外，请求师父原谅。这样整整过了两个月，鉴真才宽恕了他。

第五次在天宝七年（公元748年）。鉴真从扬州乘船经过运河和长江顺利出发了，船航行到越州等待季风入海，准备当年10月16日正式启航。想不到人留不住鉴真，老天爷要挽留他。原本好端端的天气，突然刮起了东北风，把船吹向西南，完全背道而驰了。

这股风真邪门呀，日夜不停，越刮越大，简直没有停歇的时候。空中狂风怒号，海上恶浪翻滚，鉴真的船像是一张小小的树叶，完全失去了控制，只能任随风浪拨弄，没有半点作为。他们在海上漂流了十四天，漂过台湾海峡和广阔的南海，一直漂流到遥远的海南岛最南端，才好不容易靠岸登陆，长吁了一口气。也许是佛祖在冥冥中保佑，船在海南岛打了一个"擦边球"，没有继续漂流下去，要错过了这个机会，前面就是暗礁密布的辽阔南海了，鉴真他们的安全就没有保证了。

鉴真上岸后两眼迷茫，一时不知该在哪里安身。好在这里也有寺庙，庙里的和尚早就听说过他的名声，将他恭恭敬敬地迎入寺中。他这才有机会安顿下来，在振州（今天的海南省崖县）大云寺讲经说法，并顺带修整了破败的佛殿。在这里住了整整一年后，鉴真依依不舍地离开这里，渡过琼州海峡，经过雷州半岛北上回家。一路上经过的州县，无不热烈欢迎他的到来。鉴真到达桂州（今天的广西桂林）后，在这里的开元寺又住了一年，忙忙碌碌讲经。住在今天广州地方的南海郡都督卢奂知道了，热情邀请鉴真到他那里宣扬佛法，于是鉴真在南海郡住了好几个月。

这次远行实在太艰苦了，对他们的打击太大。在从桂州去南海郡的半路上，跟随鉴真的日本和尚荣睿病死了。到了江西，他的得意弟子祥彦也死了。更加不幸的是，由于南方炎热气候的影响，加上旅途过度疲劳，鉴真自己也得了病，视力逐渐减退，终于渐渐失明。大千世界在他的面前忽然变为黑沉沉一片。回到扬州熟悉的寺庙里，鉴真却再也没法看清身边的情景，他思前想后无限悲怆。

鉴真该退出历史舞台了吧？

不，他答应日本友人的事情，绝不会轻言放弃。常言道一诺千金，何况这是宣扬佛法普度众生的重任。在鉴真的心里，继续渡海到日本的愿望永远也不会消失。

天宝十一年（752年），第十次日本遣唐使团从长安回国，路过扬州专门来拜访慰问鉴真。大使藤原清河说："我们听说了师父五次渡海的事情，非常感动和钦佩。日本盼望师父早日到来，希望您休息好了早日成行。"

鉴真没有犹豫，立刻决定和他们一起走。这一年的冬天，他搭乘日本遣唐使团的船，终于平安抵达今天的冲绳岛，接着在九州岛的萨摩国阿多

郡的秋妻屋浦登陆,踏上了日本的土地。和他同行的不仅有他的24个弟子,还有一些建筑师、画家、医生,以及其他工匠。他还带上了佛像、佛经和别的文化典籍,甚至包括大书法家王羲之的字帖等。这哪是单纯的和尚队伍,简直是一个完备的中国文化代表团。胸怀广阔的鉴真不仅要在日本说法普度众生,还要将世俗文化和技术统统无私传授给日本,献上自己的一颗深厚的爱心。

三年后,鉴真到达了日本天皇居住的平城京,也就是今天的奈良,住在城外东大寺,受到日本天皇和僧俗各界热烈欢迎。日本孝谦天皇十分激动,恭恭敬敬地授予鉴真及随行弟子"传灯大法师位",给予了他们最高的尊荣。

这时候,鉴真已经66岁了。他两眼黑茫茫,却有一扇明亮的心窗,他在奈良的东大寺首先为日本圣武太上皇、皇太后、孝谦天皇,以及太子等皇族受戒,接着又为四百多名日本和尚受戒,开始了自己漫长的十年传教生涯。他宣讲的天台宗教义,奠定了日本天台宗的基础,天台宗在日本平安时代飞快发展,对平安文化大发展起了极大的推动作用。

鉴真是有心人,早就为当时落后的日本想到了一切。这时候,同行的专家和工匠起了作用。鉴真亲自设计规划,安

小档案

天台宗——中国佛教的一个流派,南北朝末期由智𫖮在浙江天台山创造,以《法华经》为经书,主张一切事物都是法性真如的表现。13世纪日本僧人日莲根据法华宗继续发挥,创造了日莲宗,是日本佛教的主要教派。

排同行的专家、工匠严格按照中国寺庙规范，修建了雄伟的唐招提寺。

啊，人们该明白了。为什么这座日本寺庙前面有一个"唐"字，一直保留到今天？因为它本身就是大唐帝国寺庙建筑的代表，具有盛唐建筑风格，是大唐高僧鉴真的心血结晶呀！

为什么唐招提寺是日本的国宝？因为这是日本有史以来最壮观的建筑，凝聚了无限的建筑科学和艺术魅力。从这里开始，日本才一步步进入后来的文明时代啊。

唐招提寺文物

鉴真还全心全意把所知道的一切，统统贡献给这个国度，没有半点保留。

他是了不起的神医，曾经亲自给圣武太上皇以及许多日本臣民看病。他留下的许多珍贵药方，至今还被当作是日本药方的经典。

他也精通药学。尽管已经双目失明，却依靠灵敏的嗅觉和丰富的经验，帮助日本人鉴定药物，奠定了日本古代药学基础。

他对日本文化产生了全方位的影响，不光是佛法、医药学、建筑，还在书法、雕塑、美术等许多方面做出了贡献。

他也非常关心日本老百姓的日常生活，留下许多点点滴滴的事例。他甚至还教会了日本人磨豆浆、做豆腐。所以直到今天，日本豆腐房还把他奉为开山鼻祖，每年都要恭恭敬敬纪念他呢。

他的学生秉承教训，也一个个全心全意为日本服务。其中有一个名叫普照的弟子，就曾经向淳仁天皇建议，在奈良城内外的道路两旁种植树木。从此绿树成荫，使城市风貌大大改观。这样的事例说也说不完，鉴真带去的岂止是几本佛经？还有说不完的爱心。

鉴真大师为传播文化，实在太累了。所有的这一切，都是在他双目失明的情况下完成的，就更加不容易了。

鉴真大师带给日本的，仅仅是慈悲的佛法吗？还有先进的中华文化，中国人民无私援助落后的日本的一颗心。

唐代宗广德元年，日本淳仁天皇六年，公元763年的春天，鉴真大师由于长期积劳成疾，终于病倒了。那一年五月六日，他瞑目双腿盘坐，在他用尽心血营造的唐招提寺里停止了呼吸。临死前，他还孜孜不倦地给日本弟子讲学，直到最后一息。

这一年，他达到76岁高龄。掐指仔细计算，从他第一次尝试远航日本开始，已经不知不觉过了21年。在这漫长的岁月里，他一心一意要做的，就是到日本传播佛法，帮助日本发展。付出巨大代价，不顾艰险终于达到了目的。

鉴真感动了日本。日本人在唐招提寺里塑造起他的塑像，作为永远的纪念。一个失明的僧人，不屈不挠做出这样的成就，得到这样的

唐招提寺中的鉴真塑像

尊敬，多么不容易啊！

安息吧，鉴真大师，历史不会忘记你。你所做的一切，岂不就是中国人民博大胸怀的体现？

小档案

法显——东晋时代高僧，东晋安帝隆安三年（399年）从长安出发，西渡流沙、葱岭，到印度学习佛法。返回时船遇风浪在海上漂泊，历尽艰险，终于在义熙八年（412年）回到山东。

【（六）日本人来了】

日本人来了，越过千重波、万重浪来了。

日本人怀着虔诚的心情，迎着日落的方向，不避海上风浪，一批又一批乘着简陋的木船，漂过波涛汹涌的东海，直朝中国驶来。

这时候，中国正是隋唐时代，灿烂辉煌的文化，耀亮了整个世界东方的天空。对刚刚才进入农耕社会不久的日本来说，太阳不是从东方升起，而是升起在大唐帝国所在的西方。谁说太阳不能从西边出来？这时候的中国和日本的关系，仿佛就是这样的。

万物生长靠太阳。

日本发展离不了中国。

那时候的日本，对中国崇拜得五体投地，如饥似渴地向中国学习，恨不得把中国的一切统统照搬回去，开始了一个以中国为师的时代。

日本和中国之间，隔着一片大海。要想学习中国，就得要渡海过来，因此从日本到中国的航行十分频繁。

其实，早在公元 574 年，中国的南北朝末期，也正是南方的陈朝和北方的北齐对峙的时候，日本不顾中国的战乱，就曾经派遣使者来学习。隋唐一统天下后，国泰民安，经济文化突飞猛进，日本更加紧了学习中国的步伐。一批又一批遣隋使和遣唐使，好像朝圣似的，源源不断渡过大海来到中国。其中仅仅在唐朝，从唐太宗贞观四年（630 年）开始，到唐昭宗乾宁元年（894 年）为止，日本派出的遣唐使团就有 19 次。由于海上风波阻拦，有 4 次渡海没有成功，只有 15 次顺利在中国登陆。

他们仅仅是一个个留学生团体吗？

不是的。那时候到一次中国不容易，日本朝廷把来中国当成是一件大事来看。每次都选派精通中国事务、博学多才的高级官员充当大使和副使，还配备了判官、录事、翻译等工作人员。来学习的人员包括医生、药师、画师、乐师、建筑师、和尚，以及天文、地理、历史、文学、篆刻等方面的专业人员，冶炼、铸造、玉雕、木工等各行各业工匠，甚至还有阴阳师，也要到中国留学。人数最多的遣唐使团，达到五六百人。请问，从古到今有什么代表团的规模这样大？这样的遣唐使团，实际上就是一个经过精心安排、内容十分广泛的政府代表团。他们如饥似渴地吸取中国的乳汁，全方位学习先进的中国文化。恨不得一夜之间，就把中国老师所有的一切统统学会，变成自己的东西。

从这些遣唐使团的配备情况，就可以看出那时候日本为了尽快发展，怀着多么虔诚和迫切的心情。为了迅速达到目的，他们干脆采取了最简单的"拿来主义"，不管能不能消化，把中国的东西统统照搬回去就是了。

日本的政治制度是模仿大唐帝国的，在天皇之下，设置二官、

19 世纪往来中日之间的中国航船

178

八省、一台，职能和大唐帝国的三省、六部、一台完全相同。只不过为了适应日本的实际情况，略微调整了一下而已。

日本的土地制度班田制，也是大唐帝国均田制的翻版。

日本的法律是根据《唐律》内容，制定的《大宝律令》。

日本的教育、医学、税务，也完全按照大唐帝国的办法来设置。

日本文字也是用汉字作基础，创造出来的。日本和尚空海和一个日本留学生，根据汉字楷书的偏旁，造出了"片假名"，用汉字草书造出了"平假名"。加上一些完全照搬的汉字，拼成了日本文字。

甚至日本人的生活，几乎也完全照搬中国的。从衣服、发型、农具、货币，以及喝茶、下围棋的习惯，统统都是克隆的"中国版"。学习心切的日本一下子就实现了赶超当时世界水平的愿望，大大前进了一步。

日本"拿来主义"的一个最典型的代表是它的首都平安京（今天的奈良），就是一个彻头彻尾的"小长安"。平安京四四方方的，和大唐帝国的长安一模一样。日本完全按照当时长安划分街区的办法，把整个城市划成许多"坊"。这种街区划分方法，一直保留到今天也没有改变。学得更加彻底的是，日本把长安的街道名称也搬过去了。最主要的是朱雀大街，还有东市和西市。走在这些街道上，人们仿佛进入了大唐帝国的京城长安。

请看当时的一首日本诗吧。诗中写道："儿童谙汉语，舟楫杂吴舲"。

你看，日本孩子懂得中国话，港口里停泊着中国船，都是值得骄傲的事情。从这首诗里就可以看出来，当时的日本对学习中国是什么心态，中国古代文明对日本的影响有多么深。日本把中国当作是"文化母国"，难道不是这样吗？

这一切，都得经过海上传播，没有中日之间频繁的航海历史，哪有这

长崎港自古以来就是沟通中国与日本的桥梁，图为长崎港中停泊的中国船只。

样的结果。

日本人又来了，越过千重波、万重浪又来了。

这一次，不是来学习，是带着磨得雪亮的倭刀，闯进中国沿海的村庄，明目张胆杀人放火，掳掠人口，抢劫金银财宝。

这是万恶的倭寇，一帮海上东洋土匪。

啊，中国和日本之间的航海历史，竟包含了这样多的恩恩怨怨，曲折心酸的篇章。

小档案

唐太宗时期，日本孝德天皇学习中国最起劲，在大化元年（公元645年），实行的"大化革新"，就是根据大唐帝国的样板来实行的。